SCHAMLOS

Amina Bile, Nancy Herz und Sofia Nesrine Srour sind Muslimas, Bloggerinnen, Feministinnen. Die Autorinnen, alle in den 1990ern geboren, haben ihre Bewegung in den Medien als »Die schamlosen Mädchen« gestartet und sich v.a. dem Thema »Negative Sozialkontrolle« angenommen. Für ihren Einsatz für die Meinungsfreiheit sind sie u.a. mit dem Fritt Ord Honnør-Preis (2017) ausgezeichnet worden.

Mehr über unsere Bücher, Autoren und Illustratoren auf:
www.gabriel-verlag.de

AMINA BILE
SOFIA NESRINE SROUR
NANCY HERZ

SCHAMLOS

Aus dem Norwegischen
von Maike Dörries

Gabriel

Liebe Schwester,
die ermahnt wird, still zu sein und nicht zu viel Platz einzunehmen
die ihre Freunde nicht selber wählen darf oder ihre Ausbildung
oder Arbeit
die niemals mündig wird oder über ihr eigenes Leben bestimmen darf
der eingeredet wird, dass Liebe Sünde ist
die ein Doppelleben in Angst und schlechtem Gewissen führt
die beschimpft wird, weil sie Hidschab trägt oder nicht trägt
oder weil sie ihn ablegt
die sich als Einwandererschlampe und Asylantin beschimpfen lassen
muss, schamlos und ungläubig
der eingeredet wird, Rassismus und soziale Kontrolle wären kein Problem
die die Ehre der Familie auf ihren Schultern trägt
die nicht selbst über ihren Körper bestimmen darf
die Übergriffe erlebt hat und sich anhören musste, das wäre ihre Schuld
die damit leben muss, dass ihr Wert über das Jungfernhäutchen
definiert wird.

Liebe Schwester, die nicht frei sein darf.
Dieses Buch ist für dich.

»Meine Freiheit: Das zu sein,

Mit unseren ersten Veröffentlichungen über negative soziale Kontrolle und Schamkultur konnten wir endlich unsere eigenen Erlebnisse und Erfahrungen in Worte fassen, das Erleben ständiger Begrenzung in unserem Alltag.

Lange haben wir geglaubt, die Schuld für diese Begrenzungen läge bei uns. Dass sie als Strafe oder Schutz gedacht sind, weil mit uns etwas nicht stimmt, dass wir es sind, die sich anpassen müssen. Das ist es schließlich, was uns immer eingetrichtert wurde.

Erst als uns klar wurde, dass es einen Begriff dafür gibt und dass wir nicht die Einzigen mit solchen Erlebnissen und Erfahrungen sind, waren wir in der Lage, die Mechanismen zu sehen, die uns begrenzen. Wir begannen das umfassende System zu erkennen, mit dem solche wie wir, die sich nicht anpassen und die Dinge nach ihren eigenen Vorstellungen machen wollen, kontrolliert wurden.

Plötzlich sahen wir diese Kontrolle überall. In den beiläufigen Kommentaren von Bekannten und Fremden, wie wir uns als anständige Mädchen zu benehmen hätten, warum wir manche Dinge tun durften und andere absolut tabu für uns waren. In den Reaktionen, wenn wir uns nicht an die vielen ungeschriebenen, für uns geltenden Regeln hielten.

Negative soziale Kontrolle ist die Summe all der Maßnahmen, die uns daran hindern, unser Leben so zu leben, wie wir es wollen.

Wir verstanden, dass Begriffe wie »Ehre« und »Schande« systematisch missbraucht werden, um uns zu unterdrücken, statt ein natürlicher moralischer Kompass zu sein.

»Schamlos« wird als Schimpfwort für Mädchen benutzt, die sich nicht an geltende Normen halten. Das ist ein grober Vorwurf, bei dem sowohl deine persönliche wie auch die Ehre der gesamten Familie auf dem Spiel

was sie nicht wollen, das ich bin.«

Mahmoud Darwish

steht. Besitzt du keine Scham, ist etwas mit deinem moralischen Kompass nicht in Ordnung, mit deiner Erziehung, mit dir. Wenn das Wort »schamlos« in diesem Zusammenhang gebraucht wird, verkrampft sich mein Magen.

Darum benutzen wir dieses Wort in unserer Debatte mit einer gewissen Ironie. Lässt man sich das Wort auf der Zunge zergehen und überlegt, was es eigentlich bedeutet, bekommt es etwas Befreiendes: Schamlos. Frei von Scham.

In diesem Sinne sind wir tatsächlich schamlos, wenn es synonym dafür steht, dass wir die Scham nicht annehmen, die andere uns auferlegen wollen. Und natürlich sind wir schamlos, wenn schamlos gleichbedeutend mit Freiheit ist.

Der erste Schritt war, das zu erkennen. Der nächste, etwas zu tun.

Der Kampf gegen negative soziale Kontrolle wurde nicht von uns gestartet, aber wir führen ihn weiter. Vor uns hat es viele andere Frauen gegeben, die einen Weg gebahnt und dazu beigetragen haben, den Raum für freie Meinungsäußerung zu erweitern. Sie haben den Platz geschaffen, den wir jetzt nutzen können.

Offen über die Erwartungen sprechen zu können, mit denen wir konfrontiert sind, macht es leichter, Tabus und die damit verbundene Scham aufzubrechen. Jemand anderen sagen zu hören: »Das habe ich auch erlebt, nicht du bist diejenige, die etwas falsch macht«, bedeutet sehr viel.

Wir wollen nicht mehr still sein, wenn ein Unrecht begangen wird. Aber wenn wir über soziale Kontrolle und das systematische Aufzwingen von Scham sprechen, hören wir oft Vorwürfe, dass wir übertreiben, subjektiv sind und lügen, was unsere persönlichen Erfahrungen und unser Leben betrifft. Nicht selten von Leuten aus unseren Kreisen, die uns vorwerfen, wir würden unser eigenes Nest beschmutzen, indem wir diese Erwartungen anprangern.

Auf der anderen Seite missbrauchen Rassisten und Rechtspopulisten unsere Geschichten als Beweise für ihre Vorurteile und machen uns zu Postergirls einer generalisierenden Ideologie, der wir nicht vehementer widersprechen könnten.

Den Mädchen, die ihre Erlebnisse und Geschichten teilen, böse Absichten zu unterstellen oder vorzuwerfen, sie würden nur mit ihren Geschichten an die Öffentlichkeit gehen, um ihren Alltag spannender zu machen, trägt nicht dazu bei, dass mehr Mädchen sich trauen, das Wort zu ergreifen. Im Gegenteil, es ist ein Signal an junge Menschen, dass ihre Erfahrungen unwichtig sind.

Aber die Definitionshoheit über die persönlichen Erlebnisse und sein Leben zu haben, ist existenziell. Wenn andere Menschen uns erzählen, was unsere Wahrheit ist, für was wir uns engagieren und kämpfen sollen, nehmen sie uns die Freiheit, uns selbst zu definieren. Und genau darum geht es in diesem Kampf: die Freiheit, so sein zu können, wie wir sind.

Niemand hat das Recht, uns die Definitionshoheit über die Dinge zu nehmen, die wir als reelle Herausforderungen in unserem Leben empfinden.

In dem vorliegenden Buch geben wir acht von viel mehr Geschichten wieder, die uns Mädchen erzählt haben, die soziale Kontrolle am eigenen Leib erfahren haben. Mädchen, die bereit waren, ihre Erlebnisse mit uns zu teilen, aber aus unterschiedlichen Gründen anonym bleiben wollten oder mussten. Für all diese Mädchen schreiben wir von unseren eigenen Herausforderungen und Erfahrungen und denen anderer auf dem Weg zur Schamlosigkeit.

Wir sprechen nicht für andere, sondern in Solidarität mit allen, die bereit sind und den Kampf für ein Grundrecht aufnehmen wollen: das Recht, sie selbst zu sein.

Schamlosigkeit muss für alle gelten. Jedes Mädchen hat das Recht, schamlos zu sein.

Ratschlag für ehrbare Mädchen:
Du als Mädchen solltest etwas freundlicher sein. Dein aggressives Verhalten ist nicht sehr attraktiv.

Was wir meinen, wenn wir von sozialer Kontrolle sprechen

Sofia: Der Begriff *soziale Kontrolle* ist sehr vage, finde ich, mit all den kleinen und großen Kontrollmaßnahmen.

Anima: Schließlich braucht man soziale Kontrolle in einer funktionierenden Gesellschaft. Es muss nur unbedingt klar sein, dass es uns spezifisch um *negative* soziale Kontrolle geht, die Unkultur, sozusagen. Es ist nicht unser Anliegen, dass bei der Bezeichnung *soziale Kontrolle* automatisch das »negativ« mitgedacht wird.

S: Nein. Grenzen durch positive soziale Kontrolle sind okay, also alles, was gesetzlich geregelt ist, unser Rechtssystem. Wir meinen mit negativer sozialer Kontrolle, wenn die in einem bestimmten Milieu gelebten und akzeptierten Normen und ungeschriebenen Gesetze über dein Leben bestimmen, obgleich sie gegen die Menschenrechte verstoßen.

Gegen die Menschenrechte, das hier geltende Gesetz, die Kinderrechtskonvention und so weiter. Wenn es darum geht, einen Menschen daran zu hindern, sich auf eine Weise zu entwickeln, auf die jeder Mensch ein Recht hat: durch eigene Entscheidungen, Selbstbestimmung, Wahlfreiheit, Bewegungsfreiheit, alle diese Freiheiten. Das ist Freiheitsbegrenzung.

Nancy: Man wird sozusagen auf individueller Ebene kontrolliert und eingeschränkt.

S: Ich finde das eher kollektivistisch.

N: Ja, aber es trifft immer auch Einzelpersonen.

A: Stimmt.

S: Wir müssen versuchen, es genauer zu definieren, damit soziale Kontrolle ein konkreterer Begriff wird. Beispiele geben, Details.

N: Nuancierung ist auch wichtig, in diesem Buch und in der Debatte. Ich finde nämlich … Zwangsheirat und Genitalverstümmelung sind natürlich sehr ernste und schwierige Themen, aber sie sind von außen betrachtet viel deutlicher als Unrecht zu erkennen, als die »sanfteren« Formen von Sozialkontrolle, das konstante Zurechtweisen und die ständigen Vorgaben, wie man sich zu benehmen hat, die einem das Gefühl geben, nicht man selbst sein zu dürfen. Beides ist eine Form negativer sozialer Kontrolle. Und beides kann den kaputt machen, der sie erlebt.

A: Ja, weil die kleinen mit den großen Dingen zusammenhängen! Sie alle haben das gemeinsame Ziel, dir dein Selbstbestimmungsrecht zu nehmen. Wenn dir immer wieder vorgebetet wird, wie du zu sein hast, bleibt kein Raum für dich, selber herauszufinden, wer du bist. Wenn jemand dich für eine Umerziehung an einen anderen Ort schickt, ist kein Platz für Protest.

S: Sanfter sind diese Formen der Kontrolle eigentlich nicht, nur anders, weil nicht so offensichtlich. Und oft ist die extreme Kontrolle nur die soziale Sanktionsmaßnahme für die Nichtbefolgung der anderen, sanfteren Regeln.

N: Genau!

A: Ich hab alles erlebt, von den kleinen bis zu den großen Dingen. Das, was sich in allem wiederholt, ist, dass *ich als ich* nicht genüge.

S: Dann wäre noch wichtig zu unterstreichen, dass wir im Großen und Ganzen von einer Form der negativen sozialen Kontrolle aus einer *Ehrenperspektive* reden. Die meisten Mädchen kennen die Stigmatisierung aus eigener Erfahrung, die unnatürliche Schamzuweisung. Das ist schlimm genug.

N: Mit der Ehre kommt eine ganz neue Dimension dazu.

S: Der Ehrenkodex ist noch viel systematischer, komplexer und kulturell. Du trägst Ehre in dir, und wenn du

Schande über diese Ehre bringst ...
dann geht es nicht mehr nur um
deine Ehre, sondern um die Familienehre, du ziehst schlicht und ergreifend die ganze Familie in den Dreck.
Wegen einer in ihren Augen falschen
Wahl, die du getroffen oder weil du
etwas Verbotenes getan hast. Das
reicht von Untreue bis Vergewaltigung. Mit Spezialbegriffen wie »Ehre«
und »Schande« stigmatisieren wir
unsere Milieus, diese Konzepte gibt
es überall, und wir müssen klarstel-
len, dass einige Angehörige unserer
Kultur sie missbrauchen, um andere
Menschen zu kontrollieren, besonders Mädchen. Und es ist ja nicht so,
dass wir darauf aus sind ...

N: Wir reden nicht öffentlich über
diese Dinge, um unsere eigene Kultur
zu kritisieren und an den Pranger zu
stellen. Aber wir lehnen uns gegen
das auf, was wir als Unkultur in dieser
Kultur erleben. Wir sprechen offen
darüber, weil wir der Meinung sind,
dass wir uns nicht für ein »Entweder-
oder« entscheiden müssen. Ich
glaube an ein »Sowohl-als-auch«. Für
mich ist es wichtig, offen über diese
Dinge reden zu können und zugleich
stolz auf meinen multikulturellen
Hintergrund und die Kultur meiner

Eltern zu sein. Ich begreif nicht, wieso manche Menschen das für einen
Widerspruch halten.

A: In unseren Gesprächen ... Wir
fordern niemanden auf, aus seiner
Familie oder seinem Umfeld auszubrechen, das ist uns ganz wichtig.
Weil offenbar einige Menschen denken, wir hätten mit unseren Familien,
mit unserer Religion gebrochen.

N: Aber das haben wir nicht.

A: Nein, ganz und gar nicht. Wir raten
niemandem dazu, auszubrechen. Wir
suchen nur einen Weg aus dem Di-
lemma, eine mögliche Lösung.

S: Wir wollen die Haltungen herausfordern, die die Leute aus ihrer Heimat mitbringen, dass alle Menschen
in die gleiche Form passen sollen,
Haltungen, von denen sie sich nicht
trennen wollen oder können, weil es
das einzig Sichere ist, das System,
das man kennt. Aber es muss ganz
dringend unterstrichen werden, dass
Freiheit individuell ist. Ein konservati-
ves Leben ist nicht notwendigerweise
das Resultat sozialer Kontrolle. Viele
religiöse Menschen entscheiden sich
aus freien Stücken für ihren Glauben

und sind glücklich damit. Es geht darum, die Alternativen zu kennen und seinen eigenen Weg wählen zu können, ohne verurteilt zu werden. Das gilt in beide Richtungen. Wir müssen einander mehr Freiheiten lassen.

A: Wir müssen das eigentliche System und die patriarchalischen Strukturen herausfordern. Die sind überall.

S: Der Stillstand in unseren Gemeinschaften und Lebensräumen frustriert mich unsäglich, das muss ich zugeben, wir haben es noch nicht sehr weit geschafft. Obwohl immer mehr darüber geredet wird und eine immer größere Öffnung diesen Themen gegenüber besteht, wird es immer die geben, die irgendwelche Probleme verleugnen. Das kann ich nicht akzeptieren. Das provoziert mich. Maßlos.

N: Ich glaube auch nicht, dass Ausbruch eine geeignete Lösung ist. Das wäre dann wieder ein Extrem. Es muss doch möglich sein, einen Mittelweg zu finden.

S: Ich sehe schon die Notwendigkeit, aus den extremen Situationen auszubrechen. Aber es geht um das Maß an sozialer Kontrolle. Viele Verhaltensweisen enden in extremer Kontrolle, und da müssen wir eingreifen. Wir müssen mehr Prävention leisten. Daran arbeiten, dass Mädchen gar nicht erst in Situationen geraten, aus denen sie ausbrechen müssen, wie Zwangsheirat oder Genitalverstümmelung, Jungfrauenprobe oder andere unwürdige Dinge.

N: Du meinst damit aber nicht, dass die Mädchen selbst dafür verantwortlich sind, nicht in solche Situationen zu geraten?

S: Nein, das ist unsere Aufgabe, dass ihnen das nicht passiert. Mit uns meine ich die Gesellschaft. Und die Politiker müssen sich darum kümmern und mehr in Prävention investieren, konkrete Maßnahmen schlicht und ergreifend.

A: Aber ich wünsche mir auch, dass Kinder und Jugendliche zu Hause das Gespräch suchen und so die ersten Schritte tun. Der Dialog mit der älteren Generation ist in meinen Augen sehr wichtig.

N: Aber dafür müssen sie wissen, dass sie das in einem sicheren Rahmen tun können, dass sie keinen Stress befürchten müssen, weil sie das Gespräch suchen. Das ist wichtig. Ich hoffe jedenfalls, dass wir mit unserer Debatte für sicherere Rahmenbedingungen für diejenigen sorgen können, die diesen Kampf aufnehmen wollen, zu Hause und draußen. Und dass wir damit noch viel mehr Menschen zu kleinen Veränderungen in ihrem Leben inspirieren können.

A: Eine der unschönen Konsequenzen von dem, was wir tun, ist, dass manche Eltern uns als abschreckendes Beispiel heranziehen, wie ihre Kinder auf keinen Fall werden sollen. Das verschlechtert die Position der Mädchen und macht es noch schwieriger, das Gespräch zu eröffnen.

N: Es geht ja auch nicht darum, dass sie wie wir werden oder unsere persönlichen Entscheidungen übernehmen sollen. Ich möchte mit all dem hier dazu beitragen, dass junge Menschen nach und nach lernen, ihren Radius und ihre Grenzen zu erweitern. Solche Veränderungen passieren nicht über Nacht, aber sie

führen vielleicht dazu, dass du mit 21, 22 oder 25 endlich mündig bist und selbst über dein Leben bestimmen kannst.

S: Ich hoffe auch, dass wir zu einem besseren Verhältnis zwischen Kindern und Eltern beitragen können, zu größerem Vertrauen und größerer Offenheit. Zu mehr Sicherheit in der Familie, damit Jugendliche das Gefühl haben, ihre Probleme zu Hause offen ansprechen zu können. Wenn ein Kind etwas getan hat, das als Sünde gilt, oder ... Ich finde es furchtbar, dass menschliche ›Verstöße‹ mit Sünde gleichgesetzt werden. Das Gefühl, am laufenden Band Sünden zu begehen, obwohl du eigentlich ganz normale Dinge tust, ganz normale Fehler machst, ist unendlich belastend. Ich wünsche mir, dass Kinder mit ihren Eltern reden können und Eltern ihren Kindern Ratschläge geben, was sie für richtig und gut für sie halten. Jugendliche sollten wissen, dass sie ein Netzwerk haben, das sie auffängt, egal was passiert. Dass keine Familie mehr ihre Kinder verstößt, weil diese beispielsweise Gewalt oder einen sexuellen Übergriff erlebt haben.

A: Was auch ganz wichtig ist: Nicht allen Kindern und Jugendlichen mit Migrationshintergrund geht es so. Wirklich nicht. Und das behaupten wir auch an keiner Stelle. Aber für diejenigen, denen es so geht, bedeutet es hoffentlich Inspiration und Hoffnung, dass andere sich trauen, die Dinge laut auszusprechen oder darüber zu schreiben.

N: Es wäre natürlich toll, wenn das Buch auch von Erwachsenen und von Jugendlichen ohne sogenannten Migrationshintergrund gelesen würde. Zum einen, weil wir Teil dieser Gesellschaft sind und es eine wichtige Voraussetzung ist, dass alle die Probleme kennen, wenn es darum geht, Lösungen zu finden. Das betrifft alle. Denn nicht alle Schwierigkeiten, denen wir uns gegenübersehen, sind Minderheitenprobleme. Mir zu wünschen, dass sich viele Leser in diesem Buch wiedererkennen, wäre dumm, weil sie das hoffentlich nicht tun, da ich es natürlich am besten fände, wenn keiner von ihnen je soziale Kontrolle erleben musste. Aber es würde mich freuen, wenn sie sich angesprochen fühlen und nach der Lektüre das Bedürfnis haben, herauszufinden, wer sie sind.

A: Tiefsinnig ...

N: Ha, ha! Mach dich nicht lustig.

#LiebeSchwester

Im März 2017 bekam die ägyptisch-amerikanische Journalistin Mona Eltahawy eine von vielen E-Mails von einem anonymen Absender, der ihr vorschreiben wollte, wie sie sich zu verhalten habe.

Wir haben Hunderte solcher E-Mails bekommen: Ratschläge von Bekannten und Fremden, wie wir als perfekte, ehrbare Mädchen zu sitzen, uns zu kleiden, zu reden und uns aufzuführen haben, oder Kommentare, was wir alles falsch machen. Beiträge, die vermutlich gut gemeint sind, mit einem unterschwelligen, korrigierenden Ton: »Du musst dich ändern. Du musst jemand werden, der du nicht bist. Du bist nicht gut genug.«

Die Kritik versteckt sich häufig hinter der Ansprache »LiebeSchwester«.

In ihrem Frust twitterte Eltahawy: »Save your lectures, wether you are a total stranger or someone I know. ›Sister Mona‹ is not interested«, und forderte andere Frauen auf, ihre Geschichten unter dem Hashtag DearSister zu teilen.

Im Laufe weniger Stunden hatten Tausende Mädchen und Frauen aus der ganzen Welt ihre Erfahrungen getwittert.

(Zu sehen bei #dearSister auf Twitter!)

Hier ein paar der kranken Ratschläge, die wir im Laufe unserer Jugend bekommen haben:

1 Stell keine Fotos von dir in soziale Netzwerke. Was sollen die Leute von einem Mädchen denken, das sich schamlos der Welt zeigt? Wo ist dein Haya, dein Schamgefühl?

2 Alleine reisen kannst du, wenn du verheiratet bist und dein Ehemann es erlaubt.

3 Den Hidschab abzunehmen ist moralischer Verfall. Das ist Sünde. Wie Schweinefleisch essen. Der direkte Weg nach Dschahannam, in die Hölle.

4 Lächele nicht so viel.

5 Hidschab und Schminke? Astaghfirullah. (arabisches Schimpfwort)

6 Ich hoffe, deine Eltern lassen dich nicht mit auf die Klassenfahrt fahren. Man weiß nie, was dort passiert.

7 Willst du dich nicht für was anderes als Frauenrechte engagieren? So wie du dich verhältst, heiratet dich keiner.

8 Halt deine Beine zusammen! Die Leute können auf falsche Ideen kommen, wenn sie Mädchen sehen, die nicht darauf achten, wie sie sitzen.

9 Hab nicht zu viele westliche Freunde.

10 Denk dran: Man sieht es einem Mädchen an ihrem Gang an, ob sie Jungfrau ist oder nicht.

11 Nur Huren tragen roten Lippenstift.

12 Wenn du schon unbedingt Hosen tragen musst, dann Jogginghosen. Da ist die Form der Beine nicht zu sehen.

13 Was soll das T-Shirt? Du bist erwachsen. Bedeck deinen Körper.

14 Du bist ein Mädchen, du brauchst kein Privatleben.

15 Sei nicht so offenherzig.

16 Du bist in der Pubertät, jetzt bist du erwachsen. Von nun an musst du besonders auf dich aufpassen (gemeint: deine Jungfernhaut).

17 Hallo, nur dass du's weißt: ich sehe ein paar Haarsträhnen unter deinem Hidschab.

18 Frauen sitzen nicht im gleichen Raum wie Männer. Geh zu deiner Mutter in die Küche.

19 Gewalt in der Ehe? Hab Geduld, das geht vorbei. Du bist eine Frau, das musst du aushalten.

20 Lutsch keinen Lolli vor anderen Leuten.

21 Du bist eine Perle in einer Muschel. Halt die Muschel geschlossen.

22 Wo willst du hin? Der Eingang zur Moschee für Frauen ist auf der Rückseite. Der kleinste Raum im Gebäude.

23 Ja doch, Training ist okay, aber nicht im gleichen Raum wie die Männer. Die haben unkontrollierbare Triebe. Du machst es ihnen schwer.

24 Werd bloß nicht zu westlich, sonst glauben die Leute in deiner Heimat, deine Eltern wären nicht in der Lage, dich zu erziehen.

25 Selfies sind haram, verboten nach der Sharia! Zeige mehr Respekt vor dir selbst und deinem Hidschab.

26 Ehrbare Frauen bluten in der Hochzeitsnacht.

27 Du bist doch frei! Du gehst zur Schule, du arbeitest, du bekommst zu Hause zu essen und Kleider. Was willst du mehr?

28 Wenn du deinen Nacken nicht sorgfältiger bedeckst, zählt es nicht als Hidschab.

29 Was willst du damit sagen, dass du keine Kinder willst? Darum hat Gott uns geschaffen. Wir leben für die Gründung der Familie. Das ist unser halber Deen, unser Glaube!

30 Trink nicht direkt aus der Flasche.

31 Ärgere dich nicht. Das sind nur Jungsstreiche. Jungs sind eben Jungs.

32 Dein Körper ist fitna, eine Versuchung durch Gott. Bedeckst du ihn, bedeckst du auch die Gelüste der Männer.

33 Ich glaube, da ist Gelantine drin.

34 Wo bleibt dein Haya, dein Schamgefühl? Es ist ein Mangel an Haya, offen über seinen Körper und seine Sexualität zu reden, Schwester.

35 Iss keine Banane in der Öffentlichkeit.

36 Es ist ganz natürlich, dass bei deinem Vater und nicht bei dir um deine Hand angehalten wird. Die Männer sind für die wichtigen Entscheidungen verantwortlich.

37 Ihr Frauen seid so emotional und irrational. Ihr könnt nicht klar denken.

38 Mädchen verlieren ihre Ehre, wenn sie vor der Ehe eine Verliebtheit ausleben. Verliebtheit ist haram, Schande.

39 Mädchen wie du kommen direkt nach Dschahannam, in die Hölle.

40 Glückwunsch zur guten Ausbildung! Aber wann heiratest du eigentlich? Das willst du doch? Das ist das größte Ziel in deinem Leben.

41 Vergiss nicht, dass du kein Junge bist.

42 Stell dich in die Pedale, wenn du mit dem Rad über Hindernisse fährst, damit du dich nicht verletzt (gemeint: dein Jungfernhäutchen).

43 Tanz nicht mit Jungen im Sportunterricht.

44 Wenn du unbedingt zum Arzt musst, achte darauf, dass es eine Frau ist.

45 Der Hidschab schützt dich vor Übergriffen.

Schreib selber etwas:

46

#LiebeSchwester

47

#LiebeSchwester

48

#LiebeSchwester

49

#LiebeSchwester

50

#LiebeSchwester

51

#LiebeSchwester

Nancy: Die Geschichten, die wir mit anderen teilen und die in den Medien erscheinen, und all diejenigen, die uns von ihren Leben und Erlebnissen erzählen – das ist Teil der Recherchearbeit, in der wir Zahlen, Informanten und Daten sammeln. Wenn wir nicht über diese Dinge reden, können wir uns keinen Überblick über den Umfang verschaffen. Den ganzen Überblick bekommen wir wahrscheinlich nie, aber zumindest einen besseren. Und wir können die unterschiedlichen Abstufungen und Grade sozialer Kontrolle aufzeigen und die großen Unterschiede von sozialer Kontrolle und was sie ausrichten kann. Das ist ein Teil davon.

Sofia: Eins der Argumente in der Debatte ist, dass wir nicht genügend Zahlen über soziale Kontrolle vorlegen können, mit der Schlussfolgerung, dass nur wenige Menschen negative soziale Kontrolle erleben. Dabei sind die Zahlen vom IMDi ziemlich umfassend, wenn man bedenkt, wie wenige Integrationshelfer es an den Schulen gibt. Und nicht zu vergessen die sehr hohe Dunkelziffer. Die vermutlich noch sehr viel höher im Bereich der milderen Formen sozialer Kontrolle ist. In einem Tweed, weil die Leute ja immer Zahlen und Statistiken wollen, hab ich gefragt: »Woher kriegt man die Zahlen, wenn nicht mehr Leute über ein Thema reden? Und wie sollen wir die Leute erreichen, wenn wir nicht in einer Weise über soziale Kontrolle reden können, dass sie verstehen, worum es geht und es selbst in Worte fassen können?«

S: Wir wollen ein offenes Klima schaffen, ehe wir mit Zahlen kommen. Obwohl unsere Geschichten ja eigentlich auch schon Zahlen liefern. Die Geschichten in den Zeitungen, alle Diskussionsbeiträge sind Zahlen. So wie dieses Buch Zahlen liefert. Das ist Teil unserer Arbeit, der Aufklärungsarbeit, die vielleicht dazu führt, dass immer mehr Menschen den Mut finden, sich zu äußern, was wiederum weitere Zahlen liefert. Und auch die Mädchen, die nichts sagen oder schreiben, tragen zu der Statistik bei.

Amina: Es gibt immer wieder Leute, die behaupten, wir würden uns das alles nur ausdenken, weil so viele Quellen anonym sind.

S: Aber wir kennen unsere Quellen. Und wir schulden niemandem eine Erklärung und ganz sicher nicht die Veröffentlichung privater Daten von Personen, die anonym bleiben müssen. Wir verlangen von niemandem, mit Journalisten zu sprechen, die uns nicht ernst nehmen, oder Personen aus unserem Umfeld, die glauben, wir denken uns das alles nur aus. Wir tragen mit unseren persönlichen Geschichten bei. Aber deswegen verlangen wir noch lange nicht, dass alle (wie wir) Beiträge schreiben. Die meisten Mädchen, die ich kenne, wollen keine schriftlichen Beiträge unter ihrem richtigen Namen veröffentlichen. Oder überhaupt etwas schreiben. Und das ist absolut okay. Aber sie werden trotzdem von uns berücksichtigt. Diese Mädchen sollen auch einen Ort haben, an den sie gehen können, um ihre Geschichte zu erzählen. Jede Einzelne von ihnen ist gleich wichtig für diese Debatte. Darum geht es. Und nicht darum, dass alle, die etwas erlebt haben, ins Rampenlicht der Medien treten und schreiben und sich entblößen müssen, um ernst genommen zu werden. Ganz und gar nicht.

N: Wenn wir ein Buch herausgeben, erhöht das möglicherweise die Erwartungen an uns, konkreter zu werden und offen über unsere eigenen Erlebnisse zu schreiben. Auch das gehört zur Aufklärungsarbeit dazu.

S: Da stimme ich dir zu.

A: Es gibt ein paar unschöne Geschichten, aber im Großen und Ganzen zieht sich ein erfreulicher roter Faden durch die gesamte Debatte: ein »Fuck you« an alle, die versuchen, uns zu kontrollieren. Das finde ich wahnsinnig cool, weil es zeigt: »Schaut her, viele von uns haben schreckliche Dinge erlebt, aber wir trotzen all denen, die uns kontrollieren wollen.«

Ratschlag für ehrbare Mädchen :
Bikini? Ohohoho. Nein ...

Schwimmunterricht

WURDE SOFIA ERZÄHLT

BIS ZUR SIEBTEN Klasse durfte ▆▆ am Schwimmunterricht in der Schule teilnehmen. Das hieß zehn Wochen lang einmal wöchentlich in die Schwimmhalle. Am Anfang war es etwas komisch, weil sie, anders als die anderen Kinder, den ganzen Körper bedeckende Badekleider trug. Während die anderen in Badeanzügen und Bikinis badeten, musste sie in einem langärmeligen T-Shirt und Leggings baden. Es hat ihr trotzdem Spaß gemacht. Das Wichtigste war doch, dass sie endlich schwimmen lernen sollte.

Jetzt geht sie mit einer Mitteilung ihrer Mutter in die Schule: »Hallo. ▆▆ darf nicht am Schwimmunterricht teilnehmen, weil Mädchen und Jungen zusammen schwimmen.«

▆▆ gibt dem Lehrer die Entschuldigung. Er überfliegt die Nachricht und unterschreibt, dass er sie gesehen hat. Er sagt nicht viel, nur dass die Schwimmstunden Teil des Unterrichts sind und sie etwas Wichtiges verpasst.

Sie bleibt während des Schwimmunterrichts mit ein paar anderen Schülern im Klassenraum und macht Hausaufgaben.

Als die anderen aus der Schwimmhalle zurückkommen, erzählen sie, was sie gemacht haben. Wie das Schwimmen war. Zusammen.

Amina: Hattet ihr Schwimmen in der Schule?

Sofia: Yes. Vierte Klasse. Zweimal im Monat, oder so.

Nancy: Ich hab alles verdrängt, was vor 2000-something war. Aber ich geh mal davon aus, dass ich auch Schwimmunterricht hatte.

A: Hast du Shorts getragen?

S: Ja. Ich erinnere mich, dass wir deswegen die absolute Krise zu Hause hatten ... Mama ist mehrmals mit mir losgezogen, um das passende Badeoutfit für mich zu suchen. Auf keinen Fall einen Bikini. Badeanzug. Und darüber eine Shorts, die möglichst über die Knie reichte. In der Mädchenabteilung sind wir nicht fündig geworden, da gab's nur Blumen und Herzen und solchen Kram. Im Sportgeschäft gab es keine passende Badeshorts für mich, die waren alle viel zu kurz. Unmittelbar vor der ersten Schwimmstunde brachte mein Vater mir dann eine Shorts in die Schule. »Ich hab eine Hose für dich gefunden. Also, du und deine Mutter, so was, hier ist sie.« Und das Ding war, dass ich das gut fand. Ich wollte nicht ... Nur mit einem Badeanzug hab ich mich nackt gefühlt. Den Ansatz meiner Hüfte oder Pobacken zu zeigen, war für mich wie nackt sein. Aber dann beim Schwimmen hat sich die Badeshorts immer so aufgebläht, das fand ich schon nervig. Das war so ... Ich wollte das nicht. Das war ein permanenter Kampf mit einem Ballon ... Ätzend.

A: Hast du schwimmen gelernt?

S: Ich war hauptsächlich damit beschäftigt, wie ich aussah.

M: Aber – hast du schwimmen gelernt?

S: Nein ...

N: Kannst du inzwischen schwimmen?

S: Nein. Nur auf dem Rücken. Ich kann auf dem Rücken schwimmen, hehe.

A: Und du hast nur den Badeanzug mit der Shorts getragen. Kein langärmliges Shirt?

S: Ich habe zu der Zeit noch keinen Hidschab getragen, darum war es nicht so schlimm, dass mein Haar und so weiter zu sehen war. Aber ich hatte ziemlich langes Haar, das war etwas mühsam …

N: Und wieso hast du nicht schwimmen gelernt?

S: Wahrscheinlich, weil ich auf ganz andere Dinge fokussiert war. Mich hat nur interessiert, was die anderen anhatten. Und ins Tiefe hab ich mich nicht getraut, weil ich ja nicht schwimmen konnte. Und im Flachen sah man immer meine aufgeblähte Shorts. Ich bin dann mit Schwimmringen und so weiter ausgerüstet ins tiefere Wasser gegangen, da hat man das nicht mehr so gesehen. Ich habe mich wirklich wie eine Außerirdische gefühlt. Manche Kinder haben mich schief angeguckt und wollten wissen, warum ich eine Jungsbadehose

über dem Badeanzug trug. Ich hab im Nachhinein viel darüber nachgedacht. Obwohl ich es freiwillig mitgemacht habe, waren mir damals die Gründe natürlich noch nicht ganz klar. Jedenfalls fand ich es völlig bescheuert, dass sie mir gesagt haben, ich müsse meinen Körper besonders bedecken, weil ich ein Mädchen bin. Das ist nicht in Ordnung. Vor allem anderen war ich ja noch ein Kind. Und keins der anderen Mädchen trug Badeshorts. Nicht einmal meine Freundin mit dem gleichen Hintergrund wie ich. Sie hat sogar einen Bikini gehabt. Warum musste ich da … Das war wirklich ungerecht, ich hab mich so anders gefühlt, wie ein Outsider.

N: Hattest du in der Mittelstufe auch Schwimmunterricht?

S: Nein, nur bis zur siebten Klasse. Aber wenn ich im Sommer mit der Familie am Strand war, musste ich auch Badeanzug und Shorts tragen. Und dann hab ich mit dem Hidschab angefangen, und einem langärmeligen Shirt unterm Badeanzug und Tights unter der Shorts. Und Schwimmreifen, weil ich ja nicht schwimmen konnte. Ich hatte schreckliche Angst, unterzugehen.

A: Ha, ha. Gibt es Fotos davon?

S: Ich kann Mama fragen, ob sie welche hat. Irgendwann hat dann ein norwegischer Junge zu mir gesagt: »Ey, du siehst voll hässlich aus.« Ich hab nichts geantwortet und bin aus dem Wasser zu Mama gelaufen. »Mama, der Junge hat gesagt, dass ich hässlich bin. Warum muss ich das alles anziehen? Warum darf meine kleine Schwester im Bikini baden?« Wir waren doch beide Kinder, auch wenn ich etwas älter war. Im Gegensatz zu mir durfte sie im Bikini am Strand rumtoben, das war okay. Ich hab meine Mutter auch oft gefragt, wieso meine Brüder einfach nur Badehosen anziehen konnten und ich all die Kleiderschichten. »Hör gar nicht hin, bade einfach weiter und hab deinen Spaß, hör nicht auf den Jungen, er ist dumm«, hat sie mir damals geantwortet. Danach hat mir Baden keinen Spaß mehr gemacht.

A: Sie hat dir keine ordentliche Antwort gegeben.

S: Danach ist sehr viel Zeit vergangen, ehe ich mal wieder Lust hatte, zu baden. Das war im Libanon, in den Ferien.

N: An so einem Frauenstrand?

S: Warst du auch mal dort?

N: Ja, ja. Aber was macht man in Norwegen, wo es keine Frauenstrände gibt?

S: Später bin ich öfter mit Mama an den Strand gefahren, wenn keiner mehr dort war, und dann durfte ich auch im Bikini baden. Aber sobald irgendwelche Leute kamen, hat sie Stress gemacht und mir panisch das Handtuch ins Wasser geworfen. Das hat mich dann auch gestresst. Es ist schön, abends zu baden, aber … Aber wenn es die einzige erlaubte Alternative ist, macht es gleich schon weniger Spaß.

A: Trägst du heute einen Bikini?

S: Nein, das krieg ich irgendwie nicht hin … Das steckt immer noch in den Knochen.

N: Das ist wirklich ein ganz schöner Krampf und echt hart, alle zu Hause und sich selbst überzeugen zu müssen, dass es okay ist und man nichts Verbotenes tut. Die Scham sitzt unglaublich tief. An die Zeit vor der siebten Klasse erinnere ich mich kaum, aber ich geh mal davon aus, dass wir Schwimmunterricht hatten, und mit ziemlicher Sicherheit durfte ich keinen Bikini tragen. Aber als wir so zwischen zehn und zwölf Jahren alt waren, sind meine kleine Schwester, mein kleiner Bruder und ich einmal in der Woche alleine in die Schwimmhalle gegangen. Da musste ich Badeshorts tragen. Außer wenn meine Freundin dabei war, von der hab ich mir manchmal einen Bikini geliehen und hatte einen Heidenbammel, dass mich jemand sieht, der mich kennt, und zu Hause petzt.

S: Und später, ab der Achten, hast du da Bikini getragen?

N: Nein, da hatte ich Shorts und ein Oberteil. Kann sein, dass ich eine Zeit lang sogar T-Shirt getragen habe, aber ich glaube, das war wegen Ertrinkungsgefahr untersagt. Jedenfalls erkenne ich mich total wieder in dem, was du übers Anderssein sagst, Sofia. Anders als alle anderen. Ich glaube, ich hab ziemlich oft versucht, den Schwimmunterricht zu schwänzen. Aber wie gesagt, das hab ich alles verdrängt, ich erinnere mich kaum an etwas aus den ersten Schuljahren.

Da muss ich richtig graben. Und die Erinnerungen sind sehr verschwommen. Aber ich bin sicher, dass ich keinen Bikini hatte.

S: Wenn mich ein Lehrer gefragt hätte, warum ich Shorts tragen muss, hätte ich sicher geantwortet: Weil hier Jungs sind, mein Gott. Und bei den Abschlussfesten bis zur achten Klasse hatten wir manchmal Tanzvorstellungen für die Schüler und Eltern. Ich hab immer mit meiner besten Freundin getanzt. Nie mit einem Jungen. Und wenn Jungen und Mädchen zusammen Sport hatten, hab ich grundsätzlich gesagt: Nein, ich bin mit meiner Freundin zusammen. Das war wie einprogrammiert ... Genau wie bei meiner Freundin, die auch Muslimin ist. Wir haben also zusammen getanzt, Walzer. Das war schon komisch. Sehr komisch.

A: Habt ihr geknutscht?

N: War das dein erster Kuss?

S: Hallo ... Wo ist die Moralpolizei?

N: An die Feste erinnere ich mich auch noch. Parallel dazu habe ich Kampfsport trainiert. Da kämpft man immer gegen irgendwelche Jungs. Bei einem Fight hat man quasi Trockensex mit dem Gegner am Boden, was überhaupt kein großes Ding ist. Aber in der Schule mit dem gleichen Jungen zu sehr auf Tuchfühlung zu gehen, das geht gar nicht. Das ist schon interessant. Ich denke, eine Menge hängt vom Kontext ab, was die Sache fast noch schlimmer macht, weil man noch unsicherer wird und immer Angst hat, was falsch zu machen.

S: Das ist sexuelle Kontrolle, und die ist echt pervers. Weil da die Vorstellung dahintersteht, dass ein Mädchen sich beschmutzt, wenn sie einen Jungen anfasst. Von klein auf kriegt man eingebläut, dass man sich von ihnen fernhalten soll.

N: Ja. Aber was sollen die denn schon tun? Hallo, die sind zwölf!

S: Das ist schon krass. Kinder sind Kinder, so früh sollte man nicht schon zwischen Jungen und Mädchen unterscheiden. Auch nicht in der Schwimmhalle. Weil das zu einem ganz unnatürlichen Verhältnis zwischen den Geschlechtern führt.

» ... Und dann hab ich mit dem Hidschab angefangen, und mit einem langärmeligen Shirt unterm Badeanzug und Tights unter den Shorts. Und Schwimmreifen, weil ich ja nicht schwimmen konnte. Ich hatte schreckliche Angst, unterzugehen ... «

Sofia

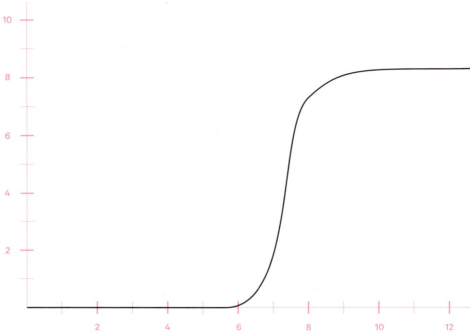

Schamgefühl vs. Alter:
Nancy

10 Jahre Bis zur achten Klasse ist so weit alles in Ordnung, bis sich herausstellt, dass ich als Erste aus der Klasse in die Pubertät komme und einen Busen kriege. Peinlich.

14 Jahre Ich gehöre nicht zu den coolen 14-Jährigen. Ich bin bei keiner Party dabei, und mir tun meine Freunde aufrichtig leid, die gerade Alkopops für sich entdecken. Stattdessen sitze ich zu Hause und mache Hausaufgaben. Der vorgeschobene Grund dafür ist, dass ich nicht die gleichen Interessen wie viele meiner Mitschüler aus der Mittelstufe habe. Der wahre Grund ist etwas schwerwiegender: Es würde mich viel mehr kosten, wie sie zu sein, als anders zu sein. Nicht Teil der Schulgemeinschaft zu sein, macht mich zum Außenseiter. Aber der Versuch, wie alle anderen zu sein, hätte womöglich sehr viel tiefgreifendere Konsequenzen: Konflikte mit meiner Fami-

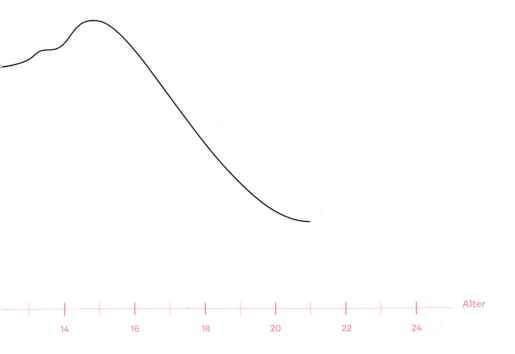

lie, Ausschluss aus meinem Lebensraum, herablassende Blicke der »ehrbaren« Mädchen aus meinem Bekanntenkreis, und das Schlimmste: Kein Mann würde mich noch heiraten wollen. Also, was soll ich tun? Entscheide ich mich für »zu norwegisch« oder »nicht norwegisch genug«? Ich schäme mich, weil ich nirgendwo richtig hingehöre. Ich bin eine 14-Jährige mit einer allzu frühen Midlifecrisis, im Konflikt mit sich selbst und der Welt und dem starken Bedürfnis nach Zugehörigkeit. Egal wozu, wenn ich ganz ehrlich sein soll. Und für diese Zugehörigkeit bin ich bereit, eine Menge zu akzeptieren und große Opfer zu bringen.

15 Jahre Nach Abwägung der Konsequenzen entscheide ich mich für »nicht norwegisch genug«.
Eine Strategie, die ich anwende, ist die Religion. Nicht nur der Glaube an Gott, sondern wahre Unterwerfung. Meine muslimische Identität wird bestärkt durch das Gefühl, nicht in die norwegische Gesellschaft zu gehören, nie wirklich Teil davon werden zu können. Ich navigiere

unsicher durchs Leben, und weil ich keine innere Balance finde, entscheide ich mich fürs Extrem. Ich beschließe, die Beste im Anderssein zu werden. Ich will die perfekte Muslima sein. Eine Moralwächterin. Auf der Suche nach meiner Identität und Zugehörigkeit wähle ich den Weg weiter ins Abseits. Ich denke: »Ich werde euch zeigen, was es heißt, nirgendwo dazuzugehören nicht dazuzupassen.« Das ist der einfachste Weg. Es ist viel schwerer, einen Mittelweg zu finden als ein Extrem. Statt an vielen verschiedenen Fronten zu kämpfen, entscheide ich mich für eine klare Front. Etwas später entscheide ich mich, den Hidschab zu tragen, als eine Art Identitätsmarker. Die letzten Jahre habe ich schon gebetet und gefastet, da ist der Hidschab der natürliche nächste Schritt. Nicht nur der Schal, ich wähle das ganze Paket. Lange weite Kleider und konservative Kopfbedeckung. Meine Eltern sind dagegen. Sie spüren, dass etwas nicht in Ordnung ist. Obgleich sie mich als Muslima und im Glauben an Gott erzogen haben, verstehen sie, dass irgendwas nicht stimmt. Sie drängen ihre widerspenstige Tochter aus dem Haus, um sich zu sozialisieren.

16 Jahre Ich verabschiede mich nach und nach von meinem Vorsatz, die perfekte Muslima werden zu wollen, weil es die perfekte Muslima nicht gibt. Sie ist eine

Idee. Eine Illusion. Ich bekomme eine zweite Chance. Die Jugendliche Nancy hat eine Phase durchlaufen und kommt auf der anderen Seite ohne schlimmere Beschädigungen heraus, als dass sie noch einmal neu mit dem Identitätsprozess beginnen muss. Das Schamgefühl ist nicht mehr so stark. Ich frage mich immer öfter, ob das Problem vielleicht gar nicht bei mir liegt. Und wundere mich, dass ich mich das nicht schon eher gefragt habe. Ich finde neue Freunde, gute Freunde, aus allen Ethnien und Religionen, mit ähnlichen Wertevorstellungen wie ich. Ich engagiere mich bei Amnesty. Das Leben lächelt mich an.

19 Jahre Ich wende mich von der Religion ab. Ich bin unsicher, aber es ist trotzdem befreiend. Viel von dem Schamgefühl, das mich immer begleitet hat, löst sich auf, je ehrlicher ich zu mir selber bin und umso mehr ich dazu stehe, wer ich bin.

20 Jahre Ich schreibe Artikel für die Zeitung und treffe Hunderte andere schamlose Mädchen. Das ist eine emotionale Berg- und Talfahrt. Knallharte Debatten.

21 Jahre Das Leben ist eine Achterbahn, aber insgesamt geht es tendenziell bergauf. Ich ertappe mich dabei, dass ich mich für die Dinge schäme, die ich im Alter von zehn Jahren gemacht habe. Merkwürdig.

Hidschab

WURDE NANCY ERZÄHLT

»VERFLUCHTE MUSLIMIN, du machst unser Land kaputt. Verschwinde von hier.«

Ehe ████████ auf das Gesagte überhaupt reagieren kann, wird sie gewaltsam nach hinten gezogen. Sie strauchelt und fühlt sich gewürgt.

Jemand versucht, ihr den Hidschab vom Kopf zu reißen. Sie will sich wehren, hat aber Angst, stranguliert zu werden.

»Geh dahin zurück, wo du hergekommen bist.«

Der Hidschab ist gut um ihren Hals festgesteckt, je stärker er zieht, desto fester schnürt er ihr den Hals zu. Sie schafft es, sich loszureißen und wegzulaufen. Noch immer ruft sie nicht um Hilfe.

████████ erkennt in dem Angreifer einen der älteren Jungs von ihrer Schule. Er grinst ihr breit hinterher, als sie wegrennt.

Sie läuft bis nach Hause. Direkt in ihr Zimmer, dort setzt sie sich aufs Bett.

Sie nimmt den Hidschab ab und legt ihn auf den Stuhl. Er ist weiß mit roten Blüten. Sie hat ihn morgens passend zur übrigen Kleidung ausgesucht. Das kommt ihr wie eine Ewigkeit her vor.

Sie spürt noch, wie es ihr vor wenigen Minuten die Luft abgeschnürt hat. Sie schaut in den Spiegel und fasst sich an den schmerzenden Hals.

Es ist das erste Mal, dass sie physisch angegriffen wurde und jemand versucht hat, ihr den Hidschab abzureißen. Aber bei Weitem nicht das erste Mal, dass sie wegen ihrer Kopfbedeckung verbal angegriffen und beschimpft wurde.

Die Kopfbedeckung, die sie gegen das Einverständnis ihrer Eltern trägt, weil die ihr genau solche Situationen ersparen wollen. Seit sie sich vor einem Jahr für den Hidschab entschieden hat, machen ihre Eltern sich Sorgen um sie.

Ihre Mutter ruft, dass sie kommen soll, um beim Abendessen zu helfen.

Sie versucht, so normal wie möglich zu klingen, als sie antwortet, dass sie gleich da ist. Sie lächelt ihr Spiegelbild an. Das Lächeln reicht nicht bis in die Augen. Sie klatscht sich mit den Handflächen auf die Wangen und probiert es noch mal. Schneidet ihrem Spiegelbild eine Grimasse.

Ihre Eltern dürfen nichts merken. Sie will ihnen nicht noch mehr Kummer bereiten oder noch einmal die Hidschab-Diskussion führen müssen.

Nach einem letzten Blick in den Spiegel geht sie in die Küche.

Liebe Amina (13)

Du hast dich vor einiger Zeit für den Hidschab entschieden. Jetzt beginnst du, auch lange Röcke zu tragen. Manchmal fühlst du dich darin super und ganz und gar wohl in deiner Haut, dann wieder bist du unsicher und ziehst ihn aus, um dich normal zu fühlen, wie alle anderen. Es ist völlig okay, ihn nicht permanent zu tragen.

Es ist dein Körper. Es ist deine Entscheidung. Lass dir von niemandem vorschreiben, was das Beste für dich ist.

Liebe Grüße, Amina (19)

Nancy: Könnt ihr euch das vorstellen, Mädels? Ich durfte nie Hidschab tragen.

Anima: Du durftest nicht? Wer hat es dir verboten?

N: Meine Eltern. Ich wollte unbedingt, aber sie meinten, ich sollte mit der Entscheidung warten, bis ich erwachsen bin.

A: Aber in der Moschee hast du schon Hidschab getragen?

N: Ich war nicht so oft in der Moschee. Obwohl, ich erinnere mich an einen Besuch im Libanon, als ich klein war. In dem Sommer war ich ganz wild darauf, Hidschab zu tragen. Ich hatte einen langen Rock, ein langes Oberteil und eben ein Tuch. Wir waren bei irgendeinem Moschee-Event, einer Muslim-Veranstaltung. Ich fand mich soooo schick.

A: Und was hatten deine Eltern dagegen?

N: Sie wollten mir Gewalt, Hetze und Drohungen ersparen und haben befürchtet, dass ich in der Schule, im Freundes- oder Bekanntenkreis ausgeschlossen werde, wenn ich Hidschab trage. Schon verrückt, wenn man sich überlegt, was sie sich für Gedanken gemacht haben. Und wie sehr sie um meine Sicherheit besorgt waren. Aber sie waren sich auch sicher, dass ich mich irgendwann umentscheiden würde, und in dem Fall wäre es besser, gar nicht erst damit anzufangen, als anzufangen und dann wieder aufzuhören. Weil das Aufhören mit unendlich vielen Tabus belastet ist.

Sofia: Stimmt. Wenn du dich einmal dafür entschieden hast, musst du beim Hidschab bleiben.

N: Es ist schwieriger aufzuhören als gar nicht erst anzufangen.

S: Ich hab mich mit meiner Sturheit durchgesetzt. Meine Eltern waren auch dagegen, dass ich damit anfange, aber wir hatten Hidschabs aus dem Libanon geschickt bekommen, die im Schrank lagen. Und da dachte ich, okay, ich hab Lust, sie anzuprobieren. Ich fing an, Farben und Muster zu kombinieren, und ja, das war ziemlich hässlich. Aber ich fand's toll. Zuerst bin ich damit in den Laden gegangen, Süßigkeiten kaufen, danach zu meinem Onkel, und überall wurde ich begrüßt mit »Ah, du trägst jetzt Hidschab, gratuliere«. Und ich dachte: YES! Mir gefiel die Aufmerksamkeit. Alle fanden mich mutig und toll. Und ich dachte wieder: YES! Aber Mama und Papa waren gar nicht begeistert. Der Punkt ist: Wer diese Entscheidung trifft, sollte sich seiner Sache ganz sicher sein, damit man später nicht zweifelt und sich wieder dagegen entscheidet. Aber ich habe nicht auf sie gehört. Ich nur: »Whatever, ich mag den Hidschab, ich werde ihn nicht ablegen wollen.« Echt, ich habe versucht, meine Eltern davon zu überzeugen, dass ich mir in meiner Entscheidung ganz sicher bin und ihn wie du mein ganzes Leben lang tragen werde. Das war im Sommer vor der siebten Klasse. Nein, vor der sechsten. Am ersten Schultag in der Sechsten habe ich dann gemerkt, dass mich ein paar Mitschü-

ler komisch ansehen und nicht mehr mit mir reden. Meine beste Freundin, schon seit Kindertagen, war die Einzige, die überhaupt noch mit mir redete und Zeit mit mir verbrachte. So war das. Meine Mitschüler und Freunde haben sich distanziert. Ich wurde immer isolierter. Und dann waren da die Kommentare von den Schülern aus den höheren Jahrgängen.

N: Kinder können echt grausam sein.

S: Oh ja. Aber ich musste mir schon solchen Dreck anhören, lange bevor ich mit dem Hidschab angefangen habe. »Braune Kackwurst« war das Härteste in der ersten Klasse. Jetzt ging's mehr in die Richtung, wie hässlich ich mit Hidschab aussah. Ich wurde ziemlich viel gemobbt.

A: Hast du auch physische Übergriffe erlebt?

S: Hauptsächlich Drohungen. Dass ich tot bin, wenn mich die Nazis in Tønsberg so sehen. Auch im Internet. Einmal habe ich erlebt, wie ein Mädchen mit Hidschab im Bus von einer älteren Frau angepöbelt wurde. Zu der Zeit habe ich auch Hidschab getragen, und ich hab mich nicht getraut, was zu sagen und das Mädchen zu unterstützen. Ich war ja fast noch ein Kind. Später hab ich mal gesehen, wie in der Stadt eine Somalierin angespuckt wurde.

A: Wegen ihres Hidschab?

S: Ja. Oder, sie trug einen Abaya. Das hat mir völlig die Sprache verschlagen.

N: Wie war das bei dir, Amina?

A: Als ich den Hidschab getragen habe, ist es mir mehrmals passiert, dass Leute im Bus mich angefasst und gefragt haben, warum ich das trage. Kann sein, dass sie das freundlich meinten, aber es kippte schnell in einen aggressiven Ton um, wenn ich falsch reagierte. Ich habe also erlebt, dass ich wegen des Hidschabs gegen meinen Willen angefasst worden bin. Aber keine eigentliche Gewalt.

S: In der Schule gab's ein paar Jungs, die hatten einen besonderen Spaß daran, mich zu ärgern, weil ich extrem schüchtern war und Abstand zu Jungen hielt. Ganz unabhängig vom Hidschab fanden sie es superlustig, mich anzugrapschen. Das machte bei mir viel mehr Spaß als

bei anderen Mädchen, weil ich immer total rot geworden bin. In der Zeit haben die Jungs immer versucht, an die BH-Verschlüsse der Mädchen zu kommen, ihnen auf den Po zu klatschen und so was.

A: Echt?

S: Ja. Und manchmal haben die Jungs sich von hinten angeschlichen, um mich zu umarmen. In der siebten Klasse hatte ein Junge mit einem anderen Jungen um zehn Kronen gewettet, dass er es schaffen würde, mich zu küssen. Zehn Kronen, mal ehrlich, um mich zu küssen. Na ja, ich hab das mitbekommen …

N: Nach dem Motto »Jungs sind eben so«. Die Einstellung ist echt krank, statt ihnen beizubringen, dass das sexuelle Belästigung ist. Das ist überhaupt nicht in Ordnung.

A: Aber was war deine eigentliche Motivation, Hidschab zu tragen?

S: Ich fand die Farben so schön. Und weil meine Mama mein Vorbild ist. Sie trägt auch Hidschab, und irgendwie hab ich mich damit erwachsen gefühlt. Klüger als andere, keine

42

Ahnung, warum. »Ich verstehe mehr als du«, so in der Art: »Ich habe eine wichtigere Wahl getroffen, als du jemals treffen wirst.« Ganz schön arrogant. Aber als die Mobberei losging, war es mit dem Selbstbewusstsein nicht weit her.

N: Und du hast den Hidschab später wieder abgelegt?

S: Ja. Weil ich nie wirklich darüber nachgedacht habe, wieso ich damit angefangen habe. Religiöse Gründe hatte es nicht, es ging nur ums Aussehen. Ich fand es einfach schön. Und es hat mir Spaß gemacht, nach Lust und Laune die Farben zu kombinieren. Außerdem bin ich von vielen Seiten bestärkt worden, das hat mir gefallen. Ich hatte das Gefühl, wertvoll zu sein.

N: Und moralisch überlegen, vielleicht? Es wird viel über die perfekte Muslima gesprochen, was dieses Image wahrscheinlich noch verstärkt. Das ist wohl auch einer der Gründe, warum ich Hidschab tragen wollte, weil es das Bild unterstrichen hat, das ich von mir hatte, wie ich sein wollte. Heute schäme ich mich ein bisschen, dass ich das gedacht habe.

S: Bei mir war es auch ein Stück Protest oder Trotz. Gegen das Mobbing und was ich sonst so erlebt habe. Das ging so in die Richtung: Ich nehm ihn nicht ab, den Gefallen tu ich euch nicht. Aber als ich älter wurde und mit der Mittelstufe fertig war, hatte ich etwas mehr Zeit, nachzudenken. Was will ich eigentlich? Ich bin nicht wirklich überzeugt vom Hidschab. Nicht so, wie alle anderen. Ich habe viel Zeit und Energie darauf verwendet, davor und danach, alle zu unterstützen, die Hidschab tragen, mich für die Wahlfreiheit einzusetzen, den Hidschab an sich, das Spirituelle daran und was er aus religiöser Sicht bedeutet. Und dazu stehe ich. Aber mir wurde auch klar, dass das nicht mein Weg war. Und als ich mal in Italien war, hab ich Papa von dort geschrieben, dass ich probieren wollte, in Zukunft ohne Hidschab rumzulaufen. Das war okay. Und fühlte sich gut an. Ich habe mich nicht fremd gefühlt, mehr wie ich selbst. Und das fühlte sich richtig an. Das schlechte Gewissen kam erst später, mit den Reaktionen der anderen.

N: Ich hab zwar nie Hidschab getragen, weiß aber, wie ... Ich weiß noch, wann ich für mich beschlossen habe, mich nicht mehr so anständig zu kleiden. Davor hatte ich immer unter allem T-Shirts getragen und nie einen Rock oder ein Kleid, das kürzer als bis zum Knie war. Da ich keinen Hidschab tragen durfte, musste ich halt improvisieren. Ganz schön bescheuert eigentlich. Ich hatte unglaublich viel Zeit und Energie darauf verwendet, mich zu rechtfertigen, was besser oder schlechter ist. Und dann war es von einem Tag auf den anderen plötzlich vorbei. Wenn man ständig im Konflikt mit sich selbst steht, kann es passieren, dass man ins andere Extrem verfällt. So wie ich. Ich hab mir die Haare abgeschnitten und das kürzeste Kleid aus dem Schrank gesucht und mich dick geschminkt. Ich hab ein Foto im Handy. Das muss ich euch zeigen. Too much! So viel dazu, wenn man das Gefühl hat, dass es keinen Mittelweg gibt.

S: Bei mir war die Entwicklung eher schrittweise. Früher habe ich den Hidschab sehr eng getragen, dann irgendwann so, dass mehr von meinem Haar zu sehen war. Und dann habe ich die Sicherheitsnadel weggelassen, sodass mehr vom Hals zu sehen war, hab das Tuch einfach locker um den Kopf geschlungen.

N: Wie ist das bei dir, Amina? Du trägst ja nach wie vor den Hidschab.

A: Ja, seit der vierten Klasse. Für mich ist das ganz natürlich.

N: Was bedeutet der Hidschab für dich?

A: Das ist meine Religion. Damit fühle ich mich Gott näher. Am Anfang, als ich noch nicht genug über den Islam wusste, waren es kulturelle Gründe. Alle, die mir nahestanden, alle meine weiblichen Vorbilder, trugen Hidschab. Meine Mama, meine Freundinnen, Mamas Freundinnen, alle. Mein Verhältnis zum Hidschab war immer ein positives und verkörperte für mich eine Identität, die ich, wie ich wusste, eines Tages annehmen würde. Also begann ich, Hidschab zu tragen, obwohl meine Mutter mich zu jung dafür hielt. Als mir später klar wurde, dass Frauen Hidschab tragen, um sich sittsam zu bedecken, dass das die eigentliche Bedeutung des Hidschab sei ...

da hat es mich schon sehr gefuchst, mit so einem Marker rumzulaufen. Aber zugleich dachte ich, wartet's ab. Ich trage den Hidschab weiter. Weil ich es so will und nicht, weil ihr es vorschreibt. Ich habe die Definitionshoheit. Aber wie kann ich das beweisen? Ich probiere, frei wie ein Vogel zu sein und ihn trotzdem zu tragen. In gewisser Weise ist das also ein politisches und zugleich religiöses Statement. Weil ich Muslima bin. Aber es ist auch kulturell, weil ich weiß, dass dahinter eine Kultur steht, von der ich ein Teil bin. Wenn wir über den Hidschab diskutieren, kann jeder nur für sich selbst sprechen, weil das eine sehr persönliche Angelegenheit ist.

S: Es gibt viele verschiedene Gründe, den Hidschab zu tragen. Nicht nur religiöse. Auch kulturelle, politische, historische. Aber ich bin dagegen, dass Frauen ihren Körper bedecken müssen, weil er verführerisch ist. Und dass behauptet wird, der Hidschab wäre ein Schutz. Das stimmt nicht. Hidschabis werden auch vergewaltigt. Es darf nicht sein, dass man die Frauen dafür verantwortlich macht, ihre Körper zu bedecken, damit sie geschützt sind. Damit sagt man dem

Opfer, das einen kurzen Rock getragen hat, dass es selber schuld an der Vergewaltigung ist. Slutshaming.

A: Genau. Und mich bringt die Tatsache auf die Palme, dass manche muslimische Mädchen den Hidschab nicht tragen dürfen, weil sie keine »ordentlichen Muslimas« sind. Was bitte ist eine »ordentliche Muslima«? Und wer bestimmt das? Darüber müssen wir uns hinwegsetzen. Wie Nora Mehsen, zum Beispiel ... Das Paradebeispiel: lesbisch und Hidschab-Trägerin, die jedem den Mittelfinger zeigt, der meint, sie wäre keine »ordentliche Muslima«, weil sie Frauen mag: das Beste, was es gibt!

s: Echt krass.

A: Also, ich finde ... Ich weiß nicht. Ich will nicht in einer Gesellschaft leben, in der wir ständig diese Debatte führen müssen. Ich will in einer Gesellschaft leben, in der Frauen sich anziehen können, wie sie wollen, weil sie es gut für sich finden oder sich darin wohl fühlen. Und wenn es das Bedecken des ganzen Körpers ist. Aber das darf keine Forderung, sondern sollte eine von vielen Möglichkeiten sein.

S: Ganz deiner Meinung. Es sollte nicht sein, dass man seinen Körper wegen irgendwelcher Männer oder einer Regel oder der Norm und dem ganzen Zeug unter Stoffschichten versteckt, sondern weil man es selber so will. Ich schreibe anderen Frauen doch auch nicht vor, wie sie mit ihrem Körper umgehen sollen. Wenn einige Frauen meinen, dass der Hidschab ... ihre Intimsphäre bewahrt, dann ist das ihr Ding. Es gibt unendlich viele Definitionen. Als erwachsene Frau solltest du selbst über deinen Körper bestimmen können, das ist dein Körper, den du definierst, solange du dir klar über die Alternativen bist und frei wählen kannst.

N: Dafür ist es wichtig, dass man eine reelle Wahlmöglichkeit hat. Das haben längst nicht alle, und daran müssen wir etwas ändern. Aber wenn die Gesellschaft glaubt, den Frauen sei geholfen, indem man sie per Gesetz zwingt, den Hidschab abzulegen oder nicht mehr im Burkini an den Strand zu dürfen, irren sie sich. Was ist daran frei? Das ist doch das Gleiche in Grün.

S: Ich persönlich bin gegen die Einstellung, dass Hidschab anständiger ist als kein Hidschab. Da wird wieder

zwischen Hidschabis und Nicht-Hidschabis unterschieden und die Meinung vertreten, Hidschabis wären die anständigeren Menschen, jungfräulicher, Engel, Heilige, also ... Darum gefällt mir, dass Sana aus SKAM* kein auf Erden wandelnder Engel ist, sie ist keine perfekte Muslima, macht jede Menge Fehler.

A: Sie baut echt Mist.

S: Ja, sie baut Mist, wie alle Menschen Mist bauen.

A: Ich will niemandem vorschreiben, was der Hidschab für andere bedeuten soll. Diese Definition liegt bei jedem Einzelnen. Es ist völlig legitim, wenn sie etwas anderes meinen als ich. Darum müssen wir sehr aufmerksam darauf achten, welche Bedeutung wir dem Hidschab zuschreiben. Meine Mutter fühlt sich ungeheuer von mir provoziert, weil sie meine Gedanken zum Hidschab zum Beispiel nicht teilt. In dem Punkt liegen wir weit auseinander, und trotzdem tragen wir ihn beide aus Überzeugung. Aber wenn ich Sofia jetzt so reden höre, kommt mir zum ersten Mal in den Sinn, dass ich auch die Wahl gehabt hätte, ihn abzulegen. Daran habe ich nie gedacht. Wenn

*Norwegische Erfolgsserie, s. Anhang

man sich für den Hidschab entschieden hat, heißt das, dass man von da an Hidschab trägt. Punktum. Wie du gesagt hast, Sofia, Hidschabis haben einen ziemlich hohen Status. Und den legt man nicht einfach ab. Denn wenn man sich entscheidet, den Hidschab abzulegen, hat das nicht nur Konsequenzen für dich, sondern auch für deine Familie. Darum war das nie eine Alternative für mich. Vielleicht auch, weil ich gar kein Bedürfnis danach hatte. Wie auch immer.

S: Damit bist du nicht alleine. Ich habe ihn auch nicht von heute auf morgen abgelegt. Ich habe mehrere Jahre darüber nachgedacht, weil ich wusste, dass man den Hidschab nicht einfach wieder ablegt, wenn man sich einmal dafür entschieden hat. Ich hatte Angst, was die Familie im Heimatland dazu sagen würde und dass meine Mama enttäuscht sein könnte, all solche Dinge. Aber es ist alles gut gegangen. Nach einigen Diskussionen. Doch diese Wahl haben längst nicht alle.

A: Ja, zum Beispiel ich als Somalierin. Da wo ich herkomme, sehe ich höchst selten mal Frauen, die keinen Hidschab tragen.

N: In Somalia?

A: Nein, hier in Skien, der Hauptstadt der Telemark. Aber eine Araberin, die keinen Hidschab trägt, das ist irgendwie okay.

S: Bei mir war es so, dass ich hinter meiner Entscheidung stehen konnte, was nicht bei allen der Fall war. Zum Beispiel die Familie im Libanon, die haben immer wieder angerufen und gefragt, ob ich den Islam verlassen hätte und keine Muslima mehr wäre? Da ist mir erst die Doppelmoral klar geworden, dass die Leute die Mädchen, die Hidschab tragen, in Rassismusdebatten unterstützen und bestärken, aber wer ihn ablegt, kann mit solcher Rückendeckung nicht mehr rechnen.

A: Das heißt, man wird einsam, wenn man ihn ablegt?

S: Sehr. Plötzlich sind die, die dich vorher bestärkt haben, nicht mehr da. Weil du sie sozusagen verraten hast und zur anderen Seite übergelaufen bist … zu den unmoralischen Nicht-Muslimen. Aber Hidschab zu tragen kann auch einsam machen. Nachdem ich ihn abgelegt hatte, habe ich festgestellt, dass ich nicht mehr schräg von Nicht-Muslimen angeschaut wurde, plötzlich war ich Teil der Gesellschaft. Ich war nicht mehr die, der hinterhergestarrt wurde oder neben der im Bus oder in der U-Bahn niemand sitzen wollte und solche Dinge. Das war echt ein krasser Kontrast. Und wenn ich heute Hidschabis sehe, denke ich, mein Gott, das kenne ich, I know your struggle. Aber sie wissen nicht, dass ich das weiß. Es geht nicht nur um das Auffallen. Wenn man sichtbar anders herumläuft als die Masse, ist es ganz natürlich, dass die Leute gucken. Aber wenn die Blicke der Leute ablehnend werden und sie beginnen, dich feindlich zu mustern ... und du dir Kommentare wie »Burkatussi« oder »geh dahin zurück, wo du herkommst, verdammte Muslimin« ... Ich weiß, dass das einige erleben ...

A: Es hagelt von allen Seiten auf dich ein. Egal, was du tust, alles ist verkehrt. Doppelte Strafe. Das ist schwer.

S: Es ist zum Kotzen, wie viele Menschen glauben, sie hätten ein Recht, über den weiblichen Körper zu urteilen und zu bestimmen. »Die Hose kannst du nicht anziehen« oder »Jetzt sehe ich aber zu viel von deiner Haut, das ist aufreizend, das kannst du mir nicht antun«. Fuck you. Die reden über uns wie über Sexobjekte, sexuelle Wesen, deren einzige Bestimmung darin besteht, sich so zu verhalten, dass es für sie erträglich ist und niemand provoziert wird. Weil die Armen es nicht ertragen, Haut zu sehen, oder dass wir das Haus verlassen und arbeiten und so frei sind wie sie. Hilfe, Hilfe, das könnte ja zu moralischem Verfall und anderen schlimmen Dingen führen, das könnte ja alles auf den Kopf stellen. Diese Stereotype müssen aufgebrochen werden, die Klischees und Kontrollmechanismen. »Nein, ich entscheide. Das ist mein Leben, mein Körper, mein Leben gehört mir, mein Körper, meine Geschichte, und fuck you, ich lebe mein Leben, wie ich es für richtig halte. Und das ist nicht deine Sache«. Lehnt euch gegen Slutshaming auf und gegen alle Normen, die uns auf unterschiedliche Weise Grenzen setzen. Normen, die für uns aufgestellt wurden, weil wir Frauen sind, und die nichts weiter als der sexuellen Kontrolle dienen. So viel Haut darfst du in einem bestimmten Alter zeigen, oder umgekehrt: so WENIG Haut darfst du in einem bestimmten Alter zeigen. Das Gleiche gilt für die Haare.

A: Aber wie ist das bei dir? Fühlst du dich selber frei? Könntest du heute im Trägershirt rumlaufen und wärst happy damit?

S: Im Moment könnte ich das nicht. Kürzer als das Kleid, das ich gerade trage, ist nicht drin.

N: Willst du das denn?

S: Ich hoffe, dass ich eines Tages einfach nur das anziehen kann, was mir gefällt, ohne darüber nachzudenken. Ja, einfach das anziehen, wonach mir ist. Ach Gott, da fällt mir was ein: Mir ist mal in der Schule mein Hidschab runtergerutscht. Das war echt krass. Ich sitze beim Basketballturnier auf der Tribüne, als mir ein Basketball an den Kopf fliegt. Ich konnte nur daran denken: »Oje, meine Haare« und dass die ganze Turnhalle mich ohne Hidschab sieht. Das war in dem Augenblick das Schrecklichste, was ich mir vorstellen konnte. Ich hab mich so … shit, so mies gefühlt. Mies, weil mir

der Hidschab vom Kopf gerutscht ist. Noch mehr Ausländer geht kaum, oder? Ha, ha!

A: Tja, die Amira-Variante hält nicht immer.

N: Das sind zwei Teile, oder? So ein Stirnband und der eigentliche Hidschab? Nicht gerade die hübscheste Variante im Hidschab-Universum, wenn ihr mich fragt.

S: Das war total in, alle haben das getragen. Aber ich hatte die schlimmsten Farben, ein kotzgrünes, ein knallrosa Tuch, aber ich fand's toll. Und ich bekam immer neue Tücher aus dem Libanon geschickt, mit Stickblüten und Glitter und lauter so Kram. Hundert Prozent Made in China.

N: Ha, ha, ich kann es mir vorstellen. Das tut fast weh.

A: Das hat alles seine Pros und Contras.

N: Vielleicht solltet ihr eine Liste schreiben?

Pro Hidschab

+ *Sieht hübsch aus.*

+ Du zeigst deinen religiösen Standpunkt. Es braucht keiner mehr zu fragen.

+ *Du bist bereit zum Gebet.*

+ Der Hidschab ist sehr spirituell. Viele fühlen sich damit Gott nah, weil er ein Zeichen für Gottes Liebe und den eigentlichen Glauben ist.

+ Der Hidschab kann befreiend für diejenige sein, die eine bewusste Wahl trifft. Das ist eine Wahl, die jede für sich treffen muss, nicht wegen der Männer oder anderer Menschen.

+ *Andere Muslime grüßen einen und sagen »Salaam«.*

+ Guter Gesprächsöffner.

+ Für manche Frauen ist der Hidschab der Mittelfinger an die Schönheitstyrannei. (Also mehr ein politischer als religiöser Standpunkt)

+ Du kriegst Massen an Hidschabs von deinem Famsquad in deinem Heimatland.

+ Du wachst morgens mit Haarchaos auf. Gut, dass du Hidschab trägst! Bad Hair Day? Was ist das? #LikeABoss

+ *Hidschab = Handyhalter! Billiges hands free. #hijabhack*

+ Du kannst jeden Tag eine andere Farbe und einen anderen Style für deinen Hidschab wählen, da gibt es viele. Nicht alle tragen ihn stramm gebunden. Schon mal was vom Turban Style Hidschab gehört?

+ *Er überdeckt Pickel an der Stirn und am Hals.*

+ Man ist Teil einer großen Gemeinschaft. #hijabsquad

+ Es ist ein super Gefühl, das richtige Outfit und einen perfekt dazu passenden Hidschab gefunden zu haben. #OOTD

+ *Dein Haar fühlt sich seidig weich an, wenn du nach einem langen Tag den Hidschab abnimmst!*

+ Okay ... das hier ist richtig witzig (gemeint: fett!): Eine exklusive Einladung zu All-girls-Partys, wo Hidschabis ihre Hidschabs absetzen, kurze Röcke und Kleider anziehen, ihr Haar frisieren und mit anderen Mädchen feiern.

Contra Hidschab

÷ Wenn die Mitschülerinnen sagen »Ich freu mich schon, im Umkleideraum dein Haar zu sehen, du siehst so klasse ohne Tuch aus!«

÷ Wenn #muslimfuckboys dich bei Facebook über Islam mit »simple frandship plz, dear sister in islam« kontaktieren.

÷ Du hast zwar keine Bad Hair-Days, aber schon mal was von Bad Hidschab-Days gehört? The struggle is real.

÷ SOMMER. SONNE. HEISS.

÷ Neugierige Kinder, die wissen wollen, wieso du ein Zelt auf dem Kopf trägst.

÷ *Die Tatsache, dass sich in der U-Bahn oder im Bus selten Leute neben dich setzen.*

÷ Die Nadeln, die in deine Kopfhaut stechen und deine schönen Hidschabs kaputt machen.

÷ *Lehrer, die wissen wollen, ob dein Vater dich zwingt, Hidschab zu tragen.*

÷ Die Popcornkrümel im Hidschab, wenn nach dem Film das Licht angeht.

÷ In-ear-Kopfhörer! Das ist ein irres Gewühle durch mehrere Tuchlagen, bis man die Ohren findet und sie reingefummlt hat. #hijabproblems

÷ *Leute, die fragen: Hast du 'ne Glatze?? Duscht du damit? Schläfst du mit Hidschab?*

÷ Wenn im Religionsunterricht alle Fragen zum Islam an dich gerichtet sind. Du bist sozusagen das Fazit.

÷ Wenn unangemeldet Freunde deines Bruders aufschlagen und ein Sofakissen oder eine Zeitung als Hidschab herhalten müssen. Oder du so tun musst, als ob nichts wäre und sie ganz beiläufig begrüßt. #emergencyhijab

÷ Fähigkeiten und Können wird oft unterschätzt, im Sportunterricht, bei der Arbeit und anderswo.

÷ *Du hast total schöne Ohrringe und Schmuck, aber die sind nicht zu sehen.*

÷ Du ziehst die unerwünschte Aufmerksamkeit von Muslimen und Nicht-Muslimen auf dich (Achtung: Moralpolizei), die meinen, dich belehren zu müssen, was der Hidschab eigentlich bedeutet.

÷ Für alle sichtbarer religiöser Standpunkt. Am schlimmsten nach Terroranschlägen, da kommt man sich vor wie der personifizierte Sündenbock. Manche Frauen trauen sich an den Tagen nach einem Anschlag nicht aus dem Haus.

÷ Vorstellungsgespräche sind die Hölle, weil man nicht weiß, ob der Hidschab entscheidend ist, ob man den Job kriegt oder nicht.

Was kann ein Hidschab NICHT leisten?

- Der Hidschab schützt nicht vor Übergriffen.
- Der Hidschab stellt dich nicht moralisch oder sonstwie über andere, auch wenn du dein Auftreten als anständiger empfindest.
- Du bist mit Hidschab nicht mehr wert als Nicht-Hidschabis oder Ex-Hidschabis.
- Der Hidschab macht keinen besseren Menschen aus dir. Bloß weil du Hidschab trägst, wird nicht automatisch ein auf Erden wandelnder Engel aus dir. Und ohne nicht automatisch ein Teufel.

Das Wichtigste ist die freie Entscheidung. Niemand darf erpresst oder gezwungen werden, Hidschab zu tragen oder ihn abzunehmen. An alle Hidschabis, Ex-Hidschabis und Nicht-Hidschabis da draußen, ihr habt unsere volle Unterstützung!

Ratschlag für ehrbare Mädchen:
Beug dich nie in der Öffentlichkeit
vornüber.

Wir entscheiden, was wir anziehen

NANCY

STELL DIR VOR, du stehst morgens auf, wäschst dir das Gesicht, putzt dir die Zähne und stehst mit der Überlegung vor dem Kleiderschrank, was die Leute wohl sagen würden, wenn du das anziehst, worauf du gerade Lust hast.

Und stell dir vor, jemand anderes schreibt dir vor, was du anziehen darfst. Und wählt Kleider für dich aus, in denen du dich nicht wohlfühlst. Droht dir Konsequenzen an, wenn du dich widersetzt.

Wir alle haben zu hören gekriegt, dass wir nicht zu leicht bekleidet draußen rumlaufen dürfen, weil wir dann riskieren, vergewaltigt zu werden. Sollten wir vielleicht lieber noch zusätzlich eine Radlerhose unter der Latzhose anziehen? Um eine Vergewaltigung zu erschweren. Ist der Frauenkörper so gefährlich, dass man ihn komplett verhüllen muss, um das Bedrohungspotenzial zu senken? Haben Männer wirklich eine so miserable Impulskontrolle, dass wir sie vor sich selber schützen müssen? Auf die meisten Männer, die wir kennen, trifft das jedenfalls nicht zu.

Wir sollten darüber nachdenken, woher diese Vorschrift kommt und welche Motivation dahintersteckt. Wie Frau gekleidet zu sein hat, wird nach wie vor als Kontrollmittel benutzt.

Bei dem Thema denkt man oft als Erstes an die Frauen, die gezwungen werden, den Hidschab oder andere religiös motivierte Kleidung zu tragen. Aber damit auch diejenigen zu dämonisieren, die sich freiwillig für eine Kopfbedeckung entschieden haben, ist auch eine Form von Kontrolle. Und es ist mindestens so verwerflich, jemandem vorzuschreiben, den Hidschab abzulegen wie ihn zu tragen.

Wie oft habe ich zu hören gekriegt, ich sei freier als andere Mädchen, weil ich keine Kopfbedeckung trage. Offenbar hatte ich wohl begriffen, dass Hidschab und freies Denken und Selbstständigkeit nicht zusammengehen. Diese Menschen haben ganz offensichtlich keine Ahnung, wie das Gehirn funktioniert. Das Bedecken der Ohren verhindert weder die Durchlüftung des Gehirns, noch hat es einen negativen Einfluss auf die Denkfähigkeit. Das Gehirn funktioniert mit und ohne Hidschab gleich gut.

Die permanent wiederkehrenden Grundsatzdiskussionen um

Hidschab, Burkini oder Niqab kommen immer wieder auf die Trägerinnen dieser Kleidungsstücke und ihre Moral und Glaubwürdigkeit. Unsere Körper und unsere Kleiderwahl werden benutzt, um billige politische Punkte zu sammeln und das Ego derer zu stärken, die glauben, uns »retten« zu müssen. Genauso verhält es sich bei der Berichterstattung von Party-Vergewaltigungen in den Medien. Immer wieder läuft es auf die zentrale Frage hinaus, wie das Mädchen gekleidet war. Unausgesprochen: Was für ein Typ Mädchen ist sie?

Wir müssen unsere Kleider zurückerobern und klarmachen, dass sie nicht mehr sind als eben Kleidungsstücke. Mit denen wir unsere Körper verhüllen oder sie zeigen. Kleidungsstücke, die Identität und möglicherweise Zugehörigkeit ausdrücken. Wärmende oder kühlende Kleider. Kleider, die wir aus religiöser Überzeugung tragen, und Kleider, die wir tragen, weil wir sie schön finden.

Auf alle Fälle muss klar sein, dass die Kleidermenge und –länge nicht unseren Wert als Mensch und unserer Moral definiert, und dass wir uns weigern, uns einem Konkurrenzkampf auszusetzen, was »richtig« ist und was nicht. Das einzig Richtige sind Kleider, in denen wir uns wohlfühlen.

Omar Sakr
@OmarjSakr

Women in the Middle East attacked for not wearing hijab
Women in the West attacked for wearing hijab
It's almost like women aren't the problem.

12/3/16 · 6:00 PM

58

»Was, wenn du Abaya trägst? Das muss doch für jeden strenggläubigen Muslim wie ein feuchter Traum sein.«

Amina

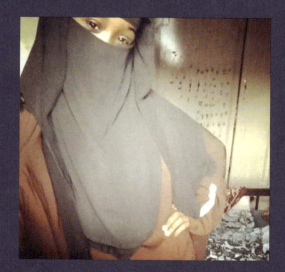

»Ich hab ein Foto von meiner Aufmachung an dem Tag im Handy. Das muss ich euch zeigen. Too much! So viel dazu, wenn man das Gefühl hat, dass es keinen Mittelweg gibt.«

Nancy

Einen Freund haben

WURDE ANIMA ERZÄHLT

█████████ IST DREIZEHN, als sie sich verliebt. Ihm fällt sie nicht in gleicher Weise auf. Klar. Aber das hat sie auch gar nicht erwartet.

Drei Jahre später sind sie immer noch nur Freunde. Wenn auch ziemlich gute Freunde. Aber er umarmt sie nie, wie er andere Mädchen umarmt, klopft ihr ab und zu mal freundschaftlich auf die Schulter oder so. Höchstens eine flüchtige Umarmung und ein Tschüs, nie mehr.

Natürlich fragt sie sich, ob der Hidschab der Grund dafür ist. Der sie auf immer und ewig in die Friendzone stellt.

»Du ...«, sagt sie in einer Pause, ehe sie es sich anders überlegen kann. »Glaubst du, dass irgendwann jemand mit mir zusammen sein will, trotz Hidschab, meine ich?«

Der Bleistift, auf dem er kaut, fällt auf den Boden. »Hä? Na klar. Wieso fragst du?«

»Ich hab einfach das Gefühl, unendlich viel zu verpassen. Alle reden immer übers Angraben und über Liebe. Was hab ich da schon beizutragen? Ich kann die ersten dreißig Seiten vom Koran auswendig und einen Löffel auf der Nase balancieren.«

»Ach, hör schon auf, ████████. Klar will jemand mit dir zusammen sein.« Er lacht.

»Ach ja?«, sagt sie. »Könntest du dir vorstellen, Hand in Hand mit mir durch die Stadt zu spazieren und von allen angeglotzt zu werden? Oder meine Eltern zu treffen, die dich hassen werden, weil du kein Muslim bist?«

»Du kannst es doch geheim halten, bis du alt genug bist, um weit wegzuziehen, wo du leben kannst, wie du willst und mit wem du willst.«

Und genau das stellt sie sich in dem Moment vor: Sie beide, irgendwo weit weg. Ihre Hand in seiner. Und sie stellt sich ihre Eltern und Großeltern vor, ihre gemeinsamen Freunde, ihre Freundinnen, ihre eiskalten, verletzten Blicke. Ihr weinende Mutter, deren Enttäuschung mit den Tränen auf sie niederregnet. Und auf einen Schlag ist ihre gemeinsame Zukunft verpufft.

»Ja«, sagt sie leise, den Tränen nahe. »Das könnte vielleicht klappen.«

Ratschläge für ehrbare Mädchen : Schau keinem Mann in die Augen.

zu den Coolen im Kindergarten gehörte, durfte ich ihn nicht sehen. Da hab ich gepetzt.

A: Ha, ha!

N: Ich glaube, ich habe das damals auf Kindergartenniveau begriffen. Nicht, dass ich mich wirklich daran erinnere, aber diese kleinen Dinge, die einem von klein auf eingetrichtert werden. Du verstehst, dass sie nicht gut, nicht in Ordnung sind.

S: Aber noch mal zurück zu dem Mädchen, das in einen Nicht-Muslim verliebt ist. In vielen Kreisen bedeutet das die totale Krise. Un-islamischer geht es nicht. In SKAM* ist es auch so: Sana und Yousef, oder? Sana ist auch in einen Nicht-Muslim verliebt, Yousef. Na ja, eigentlich ist er Ex-Muslim. Was auch nicht besser ist. Vielleicht sogar noch schwieriger, aber ein ähnliches Problem. Es geht um die späteren Kinder, also, in welchen Glauben sie geboren werden. Der Glaube wird im Islam über den Vater weitergegeben, also muss der Vater Muslim sein. Das üblichste Argument ist wohl, dass Kultur- oder Glaubensunterschiede Probleme in der Beziehung mit sich bringen kön-

Nancy: Wie alt wart ihr, als ihr das erste Mal gemerkt habt, dass ihr nicht zusammen sein könnt, mit wem ihr wollt?

Amina: Sehr jung! Das war mir sehr, sehr früh klar. Aber sie sagen es dir nicht direkt.

Sofia: Nein, nein, nein. Höchstens in Andeutungen. Freunde dich nicht mit Jungen an. Und wenn im Sport getanzt wird: Tanz nicht mit Jungen, nur mit Mädchen. Man kapiert früh, dass man sich fernhalten soll vom anderen Geschlecht. Und irgendwann macht man es einfach ... Irgendwann rücken sie dann vielleicht damit raus: »Also gut, mit dem Verlieben wartest du bis zur Ehe.«

N: Ich war das erste Mal im Kindergarten verliebt, in den »coolsten Jungen«. Er hat den anderen Mädchen seinen Pimmel gezeigt. Weil ich nicht

* s. Anhang

nen. Wegen der unterschiedlichen Realitätsauffassung. Aber da gibt es so viele Nuancen, das Realitätsverständnis ist so individuell. Das sehen wir auch in SKAM. Da sagt Sana, dass sie auch an vielen Dingen zweifelt, die Yousef dazu veranlasst haben, nicht mehr länger Muslim sein zu wollen. Aber der Zweifel bedeutet in ihrem Fall nicht, dass sie keine Muslimin mehr ist. Sie glaubt trotzdem. Dennoch: im Grunde sind sie sich ziemlich einig.

N: Stimmt, das ist ein gutes Beispiel. Aber ich denke, die beiden hätten auch Probleme bekommen, wenn er noch Muslim gewesen wäre. Es geht ja in erster Linie darum, einen Freund zu haben, das ist nicht okay und gegen die Regeln.

A: Genau, ein Freund vor der Ehe geht gar nicht. Man muss mindestens verlobt sein.

S: Im Islam hat man nicht einfach eine Beziehung. Wenn du dich verliebst und dich auf eine Beziehung einlässt, musst du im Kopf haben,

dass du auch bereit sein musst, diesen Menschen zu heiraten. Und das hängt von verschiedenen kulturellen Normen und Forderungen ab, was für Eigenschaften der oder die Zukünftige mitbringen muss, um sich dafür zu qualifizieren. Yousef beispielsweise hat diese Qualifikationen für Sana nicht, darum wäre es in jedem Fall für sie problematisch geworden, unabhängig davon, ob sie sich verlobt hätten oder nicht. Die Familie hätte ihn vermutlich nie akzeptiert.

A: Genau da liegt meiner Meinung nach das Problem. Wenn du erwachsen und dir im Klaren darüber bist, was Ehe bedeutet, und du findest jemanden, den du magst und den du heiraten willst, ist das eine Sache. Aber mit fünfzehn, wenn du einfach nur verliebt bist, da denkst du nicht an Ehe. Da weiß man ja noch kaum, wer man selber ist. Wie soll man da entscheiden, mit wem man den Rest seines Lebens verbringen möchte? Das ist ein großes Problem, dass man genau das oft von Jugendlichen verlangt.

N: Nach dem Motto: Alles oder nichts. Wenn man Verliebtheit zu etwas so Ernstem macht, bei dem du dich nur zwischen Heirat oder gar nichts entscheiden kannst – das ist doch schrecklich für junge Menschen. Je jünger man ist, desto schwerer ist das zu verstehen. Auch sehr junge Menschen verlieben sich nun mal, ob einem das passt oder nicht.

S: Es werden einem grundsätzlich ziemlich viele Knüppel zwischen die Beine geworfen mit all dem Entweder-oder, weil so viel von den Dingen dazwischen uns Menschen ausmachen. Auf weiten Strecken in unserem Leben bewegen wir uns irgendwo zwischen diesen Polen.

N: Aber nicht alle Ehen sind arrangiert. Zum Glück kriegen es trotz der Begrenzungen viele hin, jemanden kennenzulernen, den sie mögen.

S: Nein, das stimmt, nicht alle Verbindungen sind arrangiert. Du lernst jemanden kennen. Es ist nur wichtig, deine Eltern zu informieren, wenn du dich mit jemandem triffst, den du magst.

A: Aber es gibt Regeln: gleiche Kultur, Sprache, Status, Ausbildung, all das. Dazu muss ich mich verhalten.

S: Das denke ich auch.

N: Und die Religion?

A: Unbedingt! Ich könnte keinen Kafir (Nicht-Muslim) heiraten. Ha, ha! Aber mal ganz im Ernst. Ich könnte mir wirklich nicht vorstellen, Kinder mit einem norwegischen, nicht-muslimischen Mann zu haben. Ich dehne sozusagen die vorhandenen Grenzen für mich aus.

N: Ich könnte mir vorstellen, dass ich mir mehr negative Kommentare anhören müsste, wenn ich sage, dass ich niemals heiraten und Kinder kriegen will, als wenn ich einen Norweger heiraten wollte.

A: Wie reagieren die Leute darauf?

N: »Du weißt ja nicht, was du verpasst« oder »Wenn du so etwas sagst, schenkt Allah dir keine Kinder«. Und ich nur: »Super, dann brauch ich zukünftig ja nicht mehr zu verhüten, wenn allein das Wunschdenken reicht.« Ha, ha, ha. Hört nicht auf mich, Leute, immer an Verhütung denken!

S: Kann ich das twittern?

A: Ich muss akzeptieren, dass mein Vater mit ihm und seinem Vater spricht.

S: Ja, das stimmt.

A: Ohne das Gespräch kann ich nicht heiraten.

N: Was ist das für ein Gefühl?

A: Ich will nicht heiraten, von daher ...

N: Deswegen?

A: Nein. Ja. Weil ich Ehe und Kinder für mich nie attraktiv fand. Männer taugen nichts.

N: Aber du würdest garantiert total süße Kinder kriegen.

A: Jetzt verherrliche mal keine kleinen Kinder.

N: Tu ich nicht! Das war als Kompliment gemeint.

S: Sag mal, Anima, kommt dir das vielleicht deshalb so weit weg vor, weil so viele Forderungen und Vorschriften damit verbunden sind, dass du einfach nur denkst: Fuck it? So

geht's mir ein bisschen. Es gibt so viele Vorschriften, zu denen ich mich verhalten muss, dass ich genau das denke: Fuck it.

N: Und wenn man sich dann für jemanden entscheidet, folgt die Verlobung. Aber selbst dann hat man so gut wie keine Privatsphäre. Kommt natürlich auf die Familie und die Kultur an, aber oft ist es so, dass, selbst wenn man verlobt ist, immer eine kleine Schwester oder Cousine als Anstandswauwau zu den Dates mitmuss, und das ist echt ätzend. Wie soll man sich da richtig kennenlernen, wenn man nie alleine sein darf? Und dann heiratet man und kann nichts mehr daran ändern, wenn der Auserwählte sich als Arschloch erweist.

A: Echt? Bei uns zu Hause kannst du sagen: Ich hab einen Typen kennengelernt, den ich sehr mag, wir wollen heiraten, ich treff mich morgen mit ihm. Das ist völlig okay.

S: Im Ernst?

A: Ja. Wie ist es denn bei euch, wenn man sich trennt? Scheidung.

S: Himmel, nein, das ist völlig …

A: Ist das ein großes Tabu?

S: Ja!

N: Ja, wo du es sagst.

S: Egal, wie liberal die Familie sonst ist, bei einer Scheidung geht es nicht um euch als Partner, sondern was die Leute in der Heimat oder im sozialen Umfeld dazu sagen. Meistens bekommt die Frau die Schuld am Scheitern der Ehe zugeschoben, ganz selten der Mann.

N: Stimmt, da muss schon einiges zusammenkommen.

A: Verlobung ist quasi die einzige Lösung für Verliebtheit, und eine Verlobung aufzulösen oder gar Scheidung ist absolut tabu. Da musst du als Fünfzehnjährige aber ganz schön existenzielle Entscheidungen treffen, wenn du in jemanden verknallt bist. An was du da alles denken musst.

S: Im Grunde geht's dabei doch eigentlich immer um Sex, und damit musst du bis zur Ehe warten.

N: Ich glaube nicht, dass das Verlieben an sich schon haram (Sünde) ist, aber alle befürchten, dass du weitergehst. Und da geht es noch nicht mal unbedingt um Religion, sondern um die Kultur und was die Leute sagen. Es ist so verdammt wichtig, was die anderen über einen denken.

S: Das Gefühl an sich ist nicht haram, aber du selber empfindest es als haram. Weil du nichts Gutes mit diesem Gefühl verbindest, nur Scham und dass es verboten ist und so weiter.

A: Das trifft es genau. Wenn man verliebt ist, stellen sich diese Gedanken automatisch ein. Als ich mich das erste Mal verliebt habe, war das unendlich emotional, ein riesen Gefühlschaos, weil ich es als etwas Verkehrtes und Unnatürliches empfunden habe. Das hat mich fast krank gemacht.

S: Weil man alle Gefühle unterdrücken muss. Weil es sich schmutzig anfühlt, unerlaubt, und wenn man erwischt wird, ist die Krise perfekt, solche Sachen. Aber wenn man seine Gefühle unterdrückt, geht das selten gut aus, da wird man krank. Ich erinnere mich noch, dass ich über beide Ohren in einen Jungen verliebt war.

A: Hast du ihm deine Knospe gezeigt?

S: Quatsch, nein!!! Also, ich war ein paar Jahre total verliebt in einen Jungen, und hab die ganze Zeit nur gedacht, die verliebte Muslimin, das interessiert keinen, da kann eh nie was draus werden, get over it. Aber wie ist das bei euch? Habt ihr das Gefühl, dass sich eure Einstellung zu Liebe und so verändert hat? Fühlt es sich noch immer irgendwie verkehrt an, sich zu verlieben?

N: Oh, tell me about it.

A: Ja, das ist wahrscheinlich die Konsequenz, ich bin auch so.

N: Dass du dich nicht traust, Gefühle für jemanden zuzulassen?

A: Ja!

S: Wenn keine Gefühle im Spiel sind, gibt's auch keine Krise, wenn nichts

daraus wird. Man wird ein bisschen teilnahmslos. Und vorsichtig.

A: Ja, pessimistisch.

N: Das ist gar nicht gut, sich nicht mit seinen Gefühlen auseinanderzusetzen, weil man sonst auch in Zukunft nicht in der Lage sein wird, sie einzuordnen. Du fühlst entweder extrem viel oder extrem wenig. Und Extreme sind auf die Dauer ziemlich anstrengend. Dein Gefühlsspektrum kann sich nicht auf gesunde Weise entfalten.

S: Das kommt mir bekannt vor. Das ist die Konsequenz davon, dass du damit aufgewachsen bist, alle Gefühle zu unterdrücken, auch wenn du längst erwachsen bist. Nach dem Motto: Uh, uh, damit will ich nichts zu tun haben. Aber das klappt nicht immer, und dann kann es heftig werden.

A: Ich würde mir wünschen, dass es okay ist, auf sein Gefühl zu hören und sich dann zu entscheiden. Dass es erlaubt ist, sich umzuentscheiden.

N: Wenn man Teenager ist, ist schließlich nichts forever. Und ich finde es wichtig, Dinge auszuprobieren, wie sich was anfühlt, dass man sich Hals über Kopf verlieben und Liebeskummer haben darf. Aber das kann nur klappen, wenn man etwas mehr Freiheiten bekommt. Das wäre doch ein toller Übergang von etwas gelockerten Zügeln für dich und später ganz lockeren Zügeln für deine Kinder. Ich denke, ich hätte nicht wirklich was dagegen, wenn mein Kind mit dreizehn Jahren mit jemandem schläft. Ganz unabhängig von der Religion. Es geht darum, sich als Person und in seinen Entscheidungen sicher zu fühlen. Wenn es dann passiert, möchte ich, dass mein Kind mit mir darüber reden kann und sich sicher bei mir fühlt. Ich möchte nicht, dass mein Kind Angst hat, über seine Probleme zu reden und versucht, sie auf eigene Faust zu lösen und tierisch Stress kriegt. Da landet man leicht in schwierigen Situationen.

S: Man wünscht sich doch eigentlich nur, dass die eigenen Kinder sich auf einen verlassen können. Ihnen das Gefühl zu geben, dass sie zu dir kommen können, wenn was ist.

Ratschlag für ehrbare Mädchen :
Leck nicht an deinem Eis. Das sieht unanständig aus.

Wie ein Pfau

SOFIA

»HELL YEAH«, DACHTE ich, als ich gesehen hab, dass Sana in der vierten Staffel von SKAM* die Hauptrolle spielt.

Ich fand's super, eine taffe Hidschabi auf dem Bildschirm zu sehen.
Sana ist beim Abi-Umzug dabei, übernimmt die Führungsrolle beim Pla-
nungs-Treffen (bis es schiefgeht), sie hat zu allem eine Meinung, von
Flirts und Freunden, über Glauben und Hidschab, sie hält Bierflaschen
für Freundinnen, trinkt aber selber nichts, erzählt, dass ihr Hidschab
magisch ist, ist selbstironisch, stellt kritische Fragen zur Ungleichbehandlung in ihrem Umfeld und verliebt sich in einen Nicht-Muslim. Sie
wirkt taff und prinzipienfest, als pralle aller Ärger an ihr ab und als hätte
sie alles unter Kontrolle. Dabei ist sie ein gewöhnlicher Teenager und
macht zwischendurch Fehler. In ihrer Staffel gerät sie in Schwierigkeiten und zeigt ihre verletzliche Seite. Mir gefällt, dass sie trotzdem ihren
eigenen Weg geht und weder den gesellschaftlichen Vorurteilen oder
der Kontrolle und der Vorstellung von der perfekten Muslima in ihrem
eigenen Umfeld nachgibt.

Sana ist keine Repräsentantin für alle muslimischen Mädchen, und in
ihrem Fall kann man sagen, geht es sehr glimpflich aus, obgleich sie mit
vielen inneren Konflikten und Ansprüchen von außen zu kämpfen hat.
Nicht viele Mädchen haben solche Freiheiten wie sie. Und mit der Hilfe
guter Freunde und einem funktionierenden Netzwerk kriegt Sana ihr Leben in den Griff. Ihre Geschichte ist eine schöne Nuance in dem Ganzen.

Das, was ich jetzt mit euch teilen möchte, ist auch nur eine Nuance.

Als ich sah, wie Sana es durch die gesamte Staffel mehr oder weniger
schaffte, zwischen ihren Identitäten zu balancieren, immer schlagferti-
ge Entgegnungen auf voreingenommene Fragen hatte und einfach nur
cool war, habe ich oft gedacht, dass ich in dem Alter die Sachen auch gerne so gut auf die Reihe gekriegt hätte wie sie. Ich hege eine Hassliebe für
persönliche Nabelschau, aber in dieser Debatte ist es wichtig, authentisch und ehrlich über unsere eigenen Erfahrungen zu sprechen, um andere Mädchen zu erreichen, denen es genauso geht. Darum möchte ich
jetzt von dem Mobbing und sozialen Druck erzählen, die ich erlebt habe.

Wenn ich erzähle, wie ich von klein auf beschimpft wurde, mich dahin

* s. Anhang

zurückzuscheren, wo ich herkomme, dass mir mit 15 Jahren ein Neonazi übers Internet eine Morddrohung geschickt hat, dass ein Taxifahrer es offenbar unglaublich komisch fand, so zu tun, als wollte er mich über den Haufen fahren, von all den Gelegenheiten, an denen ich in der Schule als »Burkaschlampe« und als hässlich »mit dem Ding auf dem Kopf« oder als »scheiß Migrantin« beschimpft wurde, und wie einige sich das Recht herausnahmen, zu fragen, ob mein Vater mich bald verheiraten würde, tue ich das nur um der Aufklärung willen. Denn ich bin nicht allein mit diesen Erfahrungen. Erschreckend viele Menschen erleben aufgrund ihrer Hautfarbe, ihres Glaubens oder ihres Migrationshintergrundes alle Stufen von dummen Kommentaren über Mobbing bis Diskriminierung und Rassismus.

Wenn ich erzähle, dass ich als vorlaut bezeichnet werde, weil ich laut gegen Ungerechtigkeiten protestiere, als westlich, weil ich offen über den Körper der Frau und ihre Sexualität spreche, als falsche Muslima, Ungläubige, aufmerksamkeitssüchtig, weil ich den Hidschab abgelegt habe, dass ich mir von Leuten mit demselben Hintergrund wie ich anhören muss, dass den Hidschab abzulegen auf einer Stufe mit dem Verzehr von Schweinefleisch und dem Trinken von Alkohol steht, dann tu ich auch das um der Aufklärung willen. Auch mit diesen Erfahrungen stehe ich nicht alleine da.

Ich habe keine extreme Kontrolle erfahren, aber es immer wieder erlebt, sowohl als muslimische Frau als auch als Frau generell in der Gesellschaft, dass manche Leute sich angehalten fühlen, ihre Meinung zu meinem Körper zu äußern. Ich habe soziale Normen zu Tugend und Ehrbarkeit eingetrichtert bekommen und wurde gedemütigt, weil ich Hidschab trage und meine Meinung zu Frauenrechten kundtue.

Was kann man machen, wenn die Leute um einen herum einem einreden, dass man entweder zu viel ist oder nie genug? Zu muslimisch, nicht genügend muslimisch, viel zu laut, unehrlich, zu norwegisch, nicht norwegisch genug.

Ich habe darauf keine endgültige Antwort, und kann nur empfehlen, seine innere Balance zu suchen. Für mich war ein Höhepunkt, als ich dem Typen, der hinter meinem Rücken fiese Kommentare losließ, gesagt habe, dass das nicht okay ist. Ein anderer befreiender Schritt war, etwas gegen Ungerechtigkeiten zu sagen und gegen tief verwurzelte, Mädchen und Frauen diskriminierende Ansichten. Eine andere Sache, die mir vielleicht am meisten bedeutet, sind die letzten Monate am Gymnasium. Ich hatte beschlossen, eine rote Abi-Hose zu tragen, dazu einen knallblauen Hidschab, und auf die Hose wollte ich einen Pfau malen. Heute finde ich das total kitschig. Aber ich hab damals dauernd Karpe Diems Lied »Påfugl/Pfau« gehört, das total auf mich passte, und das sollte mein Statement sein. Ein »Fuck you« an alle, die sich berechtigt fühlten, eine Meinung zu meinem Leben zu haben und es mir schwer zu machen. Ich lief in der Latzhose herum, trotz der Blicke anderer muslimischer Mitschüler, trotz aller Blicke in der Schule. Für sie gab es nur »Hidschab versus Abi-Hose«. Für mich war es »Ich fühl mich gerade unendlich cool«.

Okay, so selbstbewusst wie Sana war ich nicht. Ich war in keiner Abi-Gruppe dabei, aber ich bin beim Kinderumzug mitgegangen und hab Abi-Karten verteilt, und ich hab mich in den Wochen vorm 17. Mai (norwegischer Nationalfeiertag) selbstbewusster denn je in den Schulfluren gefühlt. Vielleicht ist ein Schritt, einfach mal zu machen? Die Latzhose war mein Protest gegen den sozialen Druck, die negativen Normen und die systematischen Begrenzungen, die für mich als »Migrantendreck«, »muslimischem Satan«, »die Westliche«, »die Ungläubige« und »die Feministenhexe« galten.

»Hab mich immer angepasst, und bin doch aufgefallen (...) Ich war immer zu weiß für meine Leute, aber zu schwarz für sie. Mama sagte, ich soll stolz auf mich sein und ihnen sagen, sie sollen die Klappe halten: Du bist von überall, dein Pass ist der Regenbogen, und wer dich eindimensional sieht, hat den falschen Vogel gewählt.«

Karpe Diem: »Påfugl« (dt. Pfau)

Amina: Also, ich mach nächstes Frühjahr Abi. Ward ihr Russen?*

Sofia: Ich war Russe, ja.

Nancy: Ich war Russ-in.

S: Das war schon irgendwie seltsam. In meiner Familie gab's kein generelles Verbot, Russe sein zu dürfen, aber ich hab zu Hause trotzdem erst mal nichts davon gesagt, als ich meine Latzhose bestellt habe. Die Sachen habe ich von meinem Schülerstipendium bezahlt. Als sie dann mit der Post kamen, wollten meine Eltern natürlich wissen, was das ist. Ich nur: »Das ist meine Abi-Hose.« Und sie: »Aha, und was willst du damit?« Und ich: »Tragen, zum Spaß.« Mama hat mir mit den Bügelbildern geholfen, und ich habe einen Pfau auf den Latz gemalt.

*Russe / Russfeier: norwegische Tradition, s. Anhang

A: Habt ihr keinen Stress gekriegt, weil ihr Russe sein wolltet?

S: Im Einkaufszentrum haben die Leute schon geglotzt, wenn sie das muslimische Mädchen in Russe-Klamotten gesehen haben. Ich bin schon aufgefallen mit meiner roten Hose, dem knallblauen Hidschab und meinem blau-weißen Pullover. Ich sah echt aus wie ...

N: ... die norwegische Flagge.

A: Und wie war es mit Abi-Partys und solchen Sachen?

S: Ich war nie ... Ich war auf keiner Abi-Party.

A: Bist du eingeladen worden?

S: Nein, aber das war auch nicht aktuell.

N: Ich war wie gesagt auch Russe, fand das aber gar nicht so spannend. Ich hab alle Russen-Events von Anfang bis Ende mitgemacht, glaube ich. Aber irgendwie hat mich das nicht wirklich interessiert. Ich denk aber mal, wenn's mir wichtig gewesen wäre, hätte ich auch mitfeiern dürfen. Und ich hätte bestimmt auch zum Abi-Landestreffen und all diesen Sachen gedurft.

S: Ich hab sogar zwei Russe-Abzeichen bekommen. Eins, weil ich was für die Krebshilfe getan ab, das zweite für »zehn Runden in einem Kreisverkehr fahren«. Das hab ich zusammen mit ein paar Freundinnen gemacht. Auf irgendwelche Partys oder zum Landestreffen hätte ich nicht gedurft. Auch nicht bei einem Abi-Wagen mitmachen. Ich weiß noch, wie beleidigt ich war, weil ein Cousin von mir zum Landestreffen gefahren ist. Ich durfte nicht, er aber schon. Das hat mich ganz schön frustriert.

N: Und, willst du Russe sein, Anima?

A: Ich hab mich noch nicht entschieden, aber könnte schon sein.

N: Stresst dich das mit den Partys und Landestreffen nicht?

A: Da will ich gar nicht hin, das ist viel zu teuer.

N: Hast du nicht gesagt, in Skien wäre alles etwas strenger. Hast du nicht Bammel, dass die Leute dich verurteilen, wenn du in Russe-Hose rumläufst und ...

A: Ja, darum frag ich euch ja, weil ihr so locker mit der Abizeit umgeht. Das kann ich mir gar nicht vorstellen, weil meine somalischen Freundinnen, die da mitgemacht haben, als Partymädel abgestempelt worden sind, die auch sonst Haram begehen, nicht nur in der Abizeit. Wenn ich also mitmache, habe ich mit Sicherheit auch meinen Stempel als »so eine« weg.

S: Ich kann nicht behaupten, dass ich gechillt in meinem Russe-Outfit durch die Stadt gelaufen bin. Manche Leute bezeichnen Mädchen in Russe-Hosen als Huren. Jedenfalls Hidschabis und muslimische Mädchen in Russe-Hosen.

A: Ich mach mir da eher Gedanken um mein näheres Umfeld, dass die Leute den Respekt vor meinen Eltern verlieren und ... dass die beiden deswegen Stress kriegen.

N: Weil du Russ-Klamotten trägst?

A: Ja. Wegen meiner gesellschaftskritischen Äußerungen und weil ich selten zu Hause bin, hab ich schon einen Stempel weg als eine, die ausgebrochen ist, obwohl das gar nicht stimmt. Wenn ich dann noch mit einer Russe-Hose ankomme ... Vielleicht mach ich mir zu viel Gedanken, vielleicht ist es gar nicht so, aber ich bin total unsicher.

S: Damit muss man rechnen. Ich bin oft von fremden Leuten angeglotzt worden.

A: Ich kenne jede Menge somalische Abiturienten, die Russen sind.

N: Findest du das okay?

A: Ja, finde ich. Aber, wenn ich mich dafür entscheide ... gelten für mich garantiert ein paar unausgesprochene Regeln. Dass ich zum Beispiel jeden Abend zu Hause bin und beweisen muss, dass ich nicht so ein Russe bin wie die anderen und mich nicht danebenbenehme.

S: Fühlt ihr euch frei genug, selber zu entscheiden, ob ihr zu einer Party oder Abiparty gehen wollt oder nicht?

A: Nein, da trau ich mich nicht mal dran zu denken.

N: Keine Ahnung, das war nie aktuell. Was mich betrifft, kann ich das also nicht beantworten, weil es nie ein Problem war. Aber wieso traust du dich nicht, nach der Antwort zu suchen, Amina?

A: Weiß nicht, ich war schon immer so. Solche Fragen, ob ich mich persönlich frei fühle ... Ich mag irgendwie nicht mehr darin herumwühlen.

s: Die Wahrheit ist, dass wir nur bis zu einem gewissen Grad frei sind.

A: Ja, wir leben immer noch unter sozialer Kontrolle.

S: Weil es nach wie vor ungeschriebene Regeln gibt, die nur für uns gelten. So ist das. Aber inzwischen sind wir erwachsene Menschen.

N: Man darf sich halt nicht erwischen lassen.

A: Ha, ha, das dachte ich auch grad!

s: Es geht darum, sich nicht erwischen zu lassen.

N: Ich erlebe dich als extrem gewissenhaft, Sofia.

S: Echt? Vielleicht. Aber ihr kennt mich eben nur so, wie ich mich zeige.

N: Zeig uns mehr.

A: What? Üben wir soziale Kontrolle auf dich aus, sodass du nicht du selbst sein kannst?

S: Nein, nein. Ich bin nur eher ein privater Mensch. Ich spreche nicht gerne über das, was ich mache.

N: Aber ich erlebe dich als ein bisschen engagierter als mich.

S: Vielleicht.

A: Ich bremse mich die ganze Zeit selber aus, was daran liegt, dass ich meine Eltern sehr, sehr liebe, und diese Liebe ist wichtiger als alles andere. Ich werde immer versuchen, die Erwartungen meiner Eltern zu erfüllen.

S: Ich liebe meine Eltern auch sehr, sie dürfen auch gerne ihre eigenen Meinungen haben und mir Ratschläge geben, aber letztendlich muss ich doch machen, was ich für richtig halte … So wie alle jungen Menschen. Das ist dein Leben. Bei den großen Entscheidungen musst du zuerst einmal an dich selbst denken. Ich habe das Glück, Eltern zu haben, die mich darin unterstützen.

A: Ja, ich auch.

S: Man kann es nicht immer allen Menschen und ihren Erwartungen recht machen. Weil da so viel in dir ist, von dem sie nichts wissen.

A: Ich versteh nur nicht, wie ihr über diese Dinge mit euren Eltern reden könnt. Für mich …

N: Ich hab das Gefühl, dass ich durch meine gesamte Kindheit darauf vorbereitet wurde, zu widersprechen und Nein zu sagen. Und jetzt fühle ich mich endlich sicher genug, keine Kompromisse mehr einzugehen, was mein Leben und die wichtigen Ent-

scheidungen betrifft. Natürlich soll man seinen Eltern Respekt entgegenbringen und dem sozialen Umfeld, zu dem man gehört, sie können alle gute Ratgeber sein. Aber wie das eben so ist mit dem Erwachsenwerden: Irgendwann beginnt man zu erkennen, was ihre Wünsche und Vorstellungen sind und was die eigenen. Und die Entscheidung triffst am Ende du.

S: Anima, wie alt bist du?

A: Neunzehn.

S: Ich hab mich mit neunzehn noch nicht getraut, meine Meinung zu sagen.

A: Nicht?

S: Nein. Ich bin wütend geworden. Aber ich hab es nur selten geschafft, zu sagen: »Das ist ungerecht.« Über andere Familien oder unsere Großfamilie konnte ich meine Meinung sagen und mich richtig aufregen. Aber in meiner eigenen Familie ist mir das immer extrem schwergefallen.

N: Aber du kommst schon auch an Punkte, wo du deine Meinung sagen musst?

S: Du kommst an einen Punkt, das ist das Entscheidende. Irgendwann kommst du an einen Punkt, wo du zuerst einmal an dich selber denken musst.

N: Ich habe für mich festgestellt, dass meine Eltern sich, wenn ich ihnen von meinen Entscheidungen erzähle, schnell daran gewöhnen. Eltern lieben ihre Kinder schließlich auch, man muss sie nur überzeugen. Man riskiert etwas, aber ich finde, das ist es wert.

A: Damit verlangt ihr euren Eltern schon ganz schön viel ab.

N: Ein bisschen, vielleicht. Aber wir lieben sie auch. Ich denke oft, dass es schwieriger sein muss, meine Eltern zu sein als ich. Es muss ganz schön hart sein, in einem fremden Land ein ganz neues Leben zu beginnen und sich obendrein noch an eine ganz andere Kultur zu gewöhnen. Ich bin ihnen unendlich dankbar, dass sie mich sein lassen, wie ich bin.

S: So geht's mir auch. Ich habe größtes Verständnis für ihre Entscheidungen und Reaktionen, weil sie sich wirklich Gedanken machen.

Sie wollen nur das Beste für uns, weil wir ihre Kinder sind.

A: Au weia, ich glaube, es lässt sich nicht vermeiden, dass ich bei manchen unserer Gespräche heulen muss.

S: Ich darf heute nicht heulen, weil ich für ein Fotoshooting geschminkt bin.

Doppelleben, Doppelmoral

WURDE SOFIA ERZÄHLT

UM SIE HERUM wird getanzt und gelacht, es werden Trinkspiele gespielt. ████████ trinkt eigentlich keinen Alkohol, aber jetzt hat sie gerade ihren zweiten Shot getrunken. Überall werden Schnappschüsse gemacht und an Freunde und Bekannte verschickt. ████████ versucht, sich wegzudrehen, wenn die Kameras durch den Raum schweifen. Am Ende bittet sie die anderen, keine Fotos von ihr zu machen.

Sie schaut ständig aufs Handy, ob ihre Mutter eine SMS geschickt hat.

»Alles okay?«, fragt ihr Freund, der neben ihr sitzt.

»Ja, klar«, antwortet sie lächelnd.

»Sind das da drüben nicht die Kumpel von deinem Bruder?«, fragt er mit Blick zum Eingangsbereich.

Sie schaut zur Tür. Ihr Magen zieht sich zusammen. *Fuck,* denkt sie. *Was machen die denn hier?* ████████ hat gesagt, sie wollten in die Stadt und nicht zu dieser Party.

Ihr Bruder ist nicht dabei. Seine beiden Kumpel kennen sie nicht näher, wissen aber, wer sie ist und zu welcher Familie sie gehört.

Sie schaut auf die beiden leeren Shot-Gläser auf dem Tisch, sieht ihren Freund an, der ein bisschen zu nah sitzt, auf ihre Kleider, die Leute um sie herum, all die Jungs. Ihr Puls schnellt hoch, als die beiden Jungs an der Eingangstür in ihre Richtung gucken.

»Sorry, ich muss los«, sagt sie und schnappt sich ihre Tasche und Jacke.

Ihr Freund fragt, ob er sie nach Hause bringen soll, aber sie sagt, dass sie ein Taxi nimmt.

Ehe er noch weiterfragen kann, ist sie schon zur Tür raus. Es ist nicht das erste Mal, dass sie plötzlich von einer Party aufbricht.

████████ muss eine Weile auf den Bus warten, der um diese Zeit nicht so häufig fährt. Aber ein Taxi ist ihr zu riskant, weil sie bei der letzten Fahrt der Taxifahrer erkannt hat.

Ihre Mutter sitzt auf dem Sofa und mustert sie misstrauisch. ████████ bleibt in der Türöffnung stehen und hofft, dass ihre Mutter den Alkohol nicht riecht, den sie vorm Haus mit Parfüm zu übertünchen versucht hat.

»Wie war's im Kino?«, fragt ihre Mutter.

»Ganz okay«, antwortet sie. »████████s große Schwester hat uns heimgefahren. Ist Papa schon von der Arbeit zurück?«

»Ja, er duscht gerade.«

»Okay. Ich geh in mein Zimmer und zieh mich um«, sagt sie schnell.

»Der rote Lippenstift ... So sollst du nicht rumlaufen. Du weißt, dass dein Vater das nicht will.«

Sie nickt und senkt den Blick. Sie hat vergessen, ihn abzuwischen.

»Wisch ihn ab, ehe er dich so sieht. Und lass dein Telefon hier.«

Sie tut, was ihre Mutter sagt. Sie hat keine Befürchtungen, dass ihre Eltern auf dem Handy irgendetwas finden, geht jeden Tag ihre Nachrichten durch, löscht, schaltet Signaltöne aus, und ihr Freund hat die strikte Anweisung, abends keine Nachrichten zu schicken.

In ihrem Zimmer kann sie die Unterhaltung im Wohnzimmer hören.

»Warum erlaubst du ihr, so spät noch unterwegs zu sein? Woher wollen wir wissen, was sie da macht?«

Das ist ihr Vater. Jedes Wochenende die gleichen Fragen.

»Sie war doch nur mit ihrer Cousine im Kino«, antwortet die Mutter.

»Und ████████, wo ist der?«

»Er hat mir eine Nachricht geschickt, dass er heute Nacht nicht nach Hause kommt«, antwortet die Mutter. »Ich weiß nicht genau, wo er ist.«

▆▆▆▆▆ wischt sich den Lippenstift ab und betet ein stilles Gebet, dass niemand sie gesehen hat. Dass sie auch dieses Mal ungeschoren davonkommt.

Nancy: Das ist so typisch, dass für Jungs und Mädchen unterschiedliche Regeln gelten.

Sofia: Diese Ungleichbehandlung spürt man schon sehr früh. Und je älter man wird, umso stärker. Wenn Jungs älter werden, bekommen sie mehr Freiheiten, Mädchen hingegen zunehmend Begrenzungen, zum Beispiel, was sie anziehen dürfen, wann sie nach Hause kommen müssen, bei wem sie Geburtstag feiern dürfen und so weiter.

N: Man muss sich sozusagen entscheiden.

S: Wenn du in die Pubertät kommst, deine Menstruation kriegst, dein Körper weibliche Formen entwickelt und du einen Busen bekommst, meinen viele, dass du jetzt eine erwachsene Frau bist. Jetzt musst du dich zurücknehmen. Keine Tops und T-Shirts mehr, keine Shorts und kurzen Röcke oder andere Kleidungsstücke, mit denen du Aufmerksamkeit auf dich ziehst ... Das ist ungerecht. Und bloß nicht mit Jungs reden oder sie berühren, solche Dinge. Alles kann zu moralischem Verfall führen. Nichts davon ist ein Problem, wenn du ein Junge bist.

Amina: Mädchen sind sich ihres Geschlechtes von klein auf sehr, sehr bewusst. Ich weiß nicht, ob Jungen im gleichen Maße bewusst ist, dass sie Jungs sind. Als Mädchen weiß man um seine Begrenzungen schon sehr früh.

S: Vielleicht können sich deshalb viele muslimische Mädchen nicht mit Sana in SKAM identifizieren. Sana geht mit ihrem Bruder auf Partys. Und das ist ... das ist total unrealistisch. Keine Muslima geht mit ihrem Bruder auf eine Party.

A: Nein, keine. Du sollst nicht feiern, am besten abends gar nicht mehr spät unterwegs sein.

S: Aber Sana macht das schon auch heimlich, sie sagt ihrer Mutter nicht, dass sie auf eine Party geht.

A: Aber sie schreibt davon auf Instagram.

S: Da wird ihre Mutter kaum unterwegs sein.

N: Aber auf dem Weg zu der Geburtstagsfeier telefoniert sie kurz mit ihrer Mutter und sagt, dass sie zu einer Freundin unterwegs sind.

S: Stimmt, das sagt sie. Aber sie ist sehr vorsichtig, was sie ihrer Mutter erzählt. Ich denke, dieses Gefühl kennen viele von uns: ständig mit einem schlechten Gewissen rumzulaufen, weil man vielleicht etwas Verbotenes tut.

N: Einer der größten Unterschiede ist wohl, dass Jungs Freundinnen haben dürfen.

A: Dass sie tatsächlich Freundinnen haben dürfen, würde ich nicht sagen, aber wenn sie eine Freundin haben, geht die Welt nicht gleich unter.

N: Sie haben eben keine Jungfernhaut, die sie potenziell verlieren können.

S: Aber für Jungs kann es mit einer Freundin auch ziemlich problematisch werden. Das ist haram, du befleckst die Ehre der Familie, weil du nicht einfach ... Na ja, kommt drauf an, ob sie den gleichen Hintergrund hat oder nicht. Wenn sie Norwegerin ist, ist das schon ein bisschen Schande. Aber Jungs erleben häufiger Zuspruch, wenn sie eine Freundin haben. »Gratuliere, sehr gut«. Und wenn sie fragen, ob sie die Freundin mit nach Hause bringen dürfen, ist das meistens okay. Wenn ein Mädchen dagegen sagt, dass sie einen Jungen kennengelernt hat, hagelt es Fragen, nach dem Motto »da musst du uns jetzt schon mehr dazu erzählen«.

A: Aber Jungs werden schon auch kontrolliert.

N: Aber in ganz anderen Bereichen.

S: Da geht es nie um ihren Körper.

N: Kritik an ihnen bezieht sich mehr darauf, dass sie mit den falschen Leuten rumhängen, sich mit »falschen Freunden« einlassen, die womöglich Drogen nehmen. Oder dass sie nicht gut genug auf ihre Schwestern aufpassen.

S: Wer mit den falschen Leuten rumhängt, hat mit Drogen zu tun, wer sich in falschen Kreisen bewegt, ist kriminell.

A: Najaaaa ...

N: Diese Vorwürfe kriegen die Jungs zu hören. Das ist eine ziemlich harte Macho-Kultur. Da ist nicht viel Raum für Gefühle und so was. Und von der anderen Seite wird ihnen vorgeworfen, sie wären Islamisten, wenn sie einen Bart haben, oder Mitglied von irgendeiner Gang, wenn sie Schlabberklamotten tragen. Jungs haben es auch nicht immer leicht, soziale Kontrolle betrifft alle. Alle werden überwacht.

A: Stimmt. Es wird zum Beispiel gar nicht gern gesehen, dass Jungs unterwegs sind und Alkohol trinken. Aber sie haben es auf alle Fälle leichter als wir.

S: Oh ja, sie haben es leichter als wir.

A: Sie sind Drogendealer, und wir sind Huren. Das ist irgendwie aggressiver.

N: Jungs werden aber auch zurechtgewiesen, in »Bruder«-Blogs zum Beispiel. Aber der Ton ist anders.

S: Kommt ganz aufs Milieu an, aber ja, das gibt's natürlich auch. Bruder, mäßige deine Sprache, oder Bruder, denk an Gott, solche Sachen. Aber der Bruder wird nie verdammt oder verurteilt. Selbst wenn er gekifft oder Sex vor der Ehe hat, gehört er weiter dazu. Er wird nicht ausgegrenzt wie wir. Ein Mädchen muss da ganz andere Anschuldigungen ertragen, slutshame.

A: Ich glaube schon, dass Jungs auch solche Reaktionen kennen, aber nicht wegen irgendwelcher Kleinigkeiten, sondern wegen schwerwiegenderer Dinge, auf die man einfach reagieren muss. Zum Beispiel, wenn sie ein Mädchen geschwängert haben oder in der Öffentlichkeit Alkohol trinken. Sichtbare Dinge. Bei Mädchen reichen oft schon Kleinigkeiten. »Warum trägst du keine Socken, Schwester«. Echt, das gibt's.

N: Und es geht ja auch um die Konsequenzen hinterher.

S: Sie müssen nicht mit den strengsten Strafen rechnen.

N: Sie kriegen auch Strafen zu spüren, aber nicht im selben Maß wie wir.

S: Sie werden verwarnt. Aber was körperliche Gewalt angeht, da werden eher die Jungs als die Mädchen geschlagen. Glücklicherweise kommt das längst nicht in allen Familien vor. Aber wenn es eine körperliche Bestrafung gibt, dann trifft es meist die Jungs.

A: Es ist eben schwierig, traditionelle Geschlechterrollen umzukrempeln.

S: Und darum müssen wir, wie du, Nancy, so oft sagst, anfangen, die Räume in unserem eigenen Lebensbereichen zu erweitern.

N: Das ist so ein schönes Bild.

S: Ja, sehr schön. Und genau darum geht es doch. Nicht ständig Kompromisse einzugehen, sondern Alternativen aufzuzeigen.

N: Und da, glaube ich, sind Brüder ganz wichtige Stützen. Wenn du einen Bruder hast, der begriffen hat, dass ihr gleich viel wert seid, kann das sehr hilfreich sein. Brüder können eher zu den Eltern sagen als wir: Warum darf sie das nicht oder Warum darf ich das, aber sie nicht? Das hat eine viel größere Wirkung, als wenn wir protestieren ... Mein jüngerer Bruder, der unterstützt mich manchmal. Und mir ist das gute Verhältnis zu ihm unsäglich wichtig. Brüder haben eine sehr große Verantwortung, sie können gegenüber den Eltern mit an der Bewusstseinsschraube drehen, dass Mädchen ein gleichberechtigter Teil der Gesellschaft sind.

A: Ja, das glaube ich auch.

S: Aber die Sache ist doch die, dass es ganz stark davon abhängt, wie Eltern ihre Söhne und Töchter erziehen. In unserer Familie ist da nie ein großer Unterschied gemacht worden. Meinen Brüdern würde niemals einfallen, mir zu sagen, wie ich zu leben habe. Die mischen sich überhaupt nicht in mein Leben ein. Sie führen ihr Leben, ich meins.

A: Du bist die große Schwester, oder?

S: Ja, aber das machen sie bei meiner kleinen Schwester auch nicht. Sie sind einfach nicht mit dem Gedanken erzogen worden, für mich und meine Handlungen verantwortlich zu sein. Wir sind alle zu selbstständigen Menschen erzogen worden. Das hat natürlich eine Menge zu sagen. »Ehre« und »Scham« spielen in der Erziehung unserer Eltern keine Rolle. Meine Brüder gehören zu einer neuen Generation Männer, die da heranwachsen.

A: Definitiv.

N: Aber man muss sich auch klarmachen, dass manche Leute konservativer sind als die Elterngeneration. Das ist nicht ungefährlich. Der Grund dafür ist, denke ich mir, in dem Gefühl zu suchen, nirgendwo richtig dazuzugehören, zwischen den Stühlen zu sitzen, zwischen zu westlich und nicht westlich genug. Darum finde ich es auch wichtig, zu betonen, dass es in unserem Kampf auch um Integration geht.

S: Wir gehören zu den Glücklichen, deren Eltern eine Menge akzeptieren und erlauben. Aber das heißt nicht, dass bei uns zu Hause kein Unterschied zwischen Mädchen und Jungen gemacht wird. Den gibt es. Wie in vielen anderen Familien auch, nicht nur bei Familien mit Migrationshintergrund oder in geschlossenen Glaubensgemeinschaften. Mädchen werden generell anders behandelt als Jungs. Aber zumindest gab es bei uns zu Hause immer den Raum, Dinge zu hinterfragen. Raum für unsere Wut und Widerspruch und Diskussionen. Es ist so wichtig, miteinander zu sprechen.

A: Ja. Mit der Ungleichbehandlung können sich auch Mädchen ohne Migrationshintergrund identifizieren, aus rein feministischer Perspektive. Das gibt's überall. Schon bei den Alltagsdingen wie Haushalt, Aufräumen. Das ist total typisch: Papa kommt von der Arbeit nach Hause und setzt sich ins Wohnzimmer. Mama kommt nach Hause und fängt an aufzuräumen. Dieses Muster wird an die Schwestern und Brüder weitervererbt.

N: Sie müssen jedes Mal neu aufgefordert werden.

A: Das ist absolut nervig. Ich achte darauf, dass mein Bruder jeden Tag aufräumt.

S: Super! Geschwister können dazu beitragen, eingefahrene Muster wenigstens zu Hause zu ändern. Ich habe eine Zeit lang jeden Sonntag zu Hause gebacken, meine Familie fand das natürlich klasse. Als ich damit aufgehört habe, wollte mein Bruder wissen, wieso ich nicht mehr backe. Und ich nur: »Probier es doch einfach selber, das kannst du auch.« Am Anfang war er voll anti. »Nein, das kann ich nicht, keinen Bock.« Aber jetzt kocht er immer mal wieder was.

A: Mashallah, mashallah!

S: Man muss immer wieder die gewohnten Muster aufbrechen. Ich habe nicht gebacken, weil ich eine Frau bin, sondern weil ich Lust auf Milchbrötchen hatte und wusste, dass meine Familie auch gerne Milchbrötchen ist.

Ratschlag für ehrbare Mädchen:

Wieso bist du so spät noch unterwegs? Solltest du nicht längst zu Hause sein?

Der heilige Penis

AMINA

ICH HASSE DAS PATRIARCHAT.

Dieses institutionalisierte System, das sich durch die dem männlichen Geschlecht zugeschriebene Überlegenheit auszeichnet, oder was mit dem männlichen Geschlecht und Maskulinität verbunden wird. Damit wird ihnen die »natürliche« Dominanz auf sozialer, wirtschaftlicher und politischer Ebene zugeschrieben. Einfacher ausgedrückt: Männer regieren die Welt. Warum haben sie so viel Macht, fragst du dich? Weil sie einen Penis haben. Ein schrecklich empfindliches Körperteil, das nichts aushält, und trotzdem den Schlüssel zu allen Schätzen der Welt bedeutet.

Das Ungleichgewicht zwischen den Geschlechtern wird in unserem

Milieu häufig damit erklärt, dass das schon immer so war. Als ob es reicht, etwas Schlechtes nur oft genug zu wiederholen, damit es gut wird.

Genau damit spielt negative soziale Kontrolle. Das ist so, *weil es schon immer so war*, und so soll es bleiben. Aber wenn die Basis der Gemeinschaft das patriarchalische Prinzip ist, dann kann nur die Hälfte von uns auf Augenhöhe mitziehen. Und für die andere Hälfte ist die Situation auch nicht ideal.

Kein Bruder wacht leichten Herzens mit eiserner Hand über seine Schwester. Die Vorstellung, dass jemand anderes ihn straft, weil er die an ihn gestellten Erwartungen nicht erfüllt, ist beängstigend. Mit dieser Angst lebt auch er. Ich weiß das, weil ich diesen Bruder kenne.

Und kein Vater kontrolliert unbedingt leichten Herzens das Leben seiner Söhne und Töchter, selbst wenn Begriffe wie Individualität, Mündigkeit und Selbstständigkeit nicht zu seinem Universum gehören. Auch er hat Angst.

Der Gedanke, dass sein soziales Umfeld seiner Familie das Leben schwer machen könnte, macht ihm Angst. Der Vater lebt in der ständigen Furcht, die Erwartungen der anderen an ihn nicht zu erfüllen. Der Ruf der Familie und die Ehre müssen erhalten werden. Ich kenne diesen Vater.

Natürlich könnten wir das Feindbild vom männlichen Geschlecht heraufbeschwören, die Jungen und Männer nicht in unseren Kampf mit einbeziehen, aber damit unterminieren wir ihn. Jungen leiden auch unter negativer sozialer Kontrolle. Ich kenne diese Jungs.

Als Vorreiterin erkläre ich den tief verwurzelten Traditionen den Krieg, die so selbstverständlich daherkommen, weil es »immer so gewesen ist«. Der Kampf gegen negative soziale Kontrolle muss alle mit einbeziehen.

Ich freue mich drauf, die schamlosen Jungs kennenzulernen.

Ratschlag für ehrbare Mädchen :
Du bist Feministin? Hirngewaschen bist du! In unserer Kultur gehorchen wir unseren Männern.

Überwachung und Klatsch- und Gerüchtekultur

WURDE NANCY ERZÄHLT

DER VATER SITZT im Wohnzimmer und erwartet sie bereits, als sie nach Hause kommt. Die Enttäuschung ist ihm ins Gesicht geschrieben. ████████ hat ihn noch nie so aufgebracht erlebt.

»Wo warst du?«, fragt er.

»In der Schule?«, antwortet sie unsicher. Sie hat noch nicht verstanden, was das Problem ist.

Die Gerüchte waren offenbar schneller als sie.

»Warum muss ich mir von anderen erzählen lassen, dass du nach der Schule mit einem Jungen nach Hause gegangen bist? Was denkst du, was die Leute über dich sagen? Was hast du überhaupt mit dem Jungen zu schaffen? Ist das dein Freund? Was hast du getan, dass er mit dir nach Hause geht?«

Das ist das letzte Mal, dass ████████ mit einem Jungen nach Hause geht, und selbst wenn sie mit ihren Freundinnen unterwegs ist, schaut sie immer wieder nervös über die Schulter, ob auch kein Junge in ihrer Nähe ist.

Sofia: Es gibt zu viel Überwachung.

Amina: In Skien, wo ich wohne, überall. Unter Somaliern kann dir, egal wer, sagen, wie du dein Leben leben sollst. Das ist völlig normal. Wenn ein somalisches Mädchen in Shorts rumläuft, kann jeder ihr sagen, dass das nicht in Ordnung ist. Auch wenn man das Mädchen noch nie vorher gesehen hat. Oder man sagt es ihren Eltern.

S: Schwester.

A: Ja, Schwester.

S: Liebe Schwester.

A: Schwester, Bruder. Das sagen die, die mit ihren Ratschlägen kommen, aber sie missbrauchen den Begriff.

S: Liebe Schwestern, liebe Brüder im Islam. Astaghfirullah, das ist nicht okay.

A: Ich erinnere mich noch, als ich angefangen habe, Röcke zu tragen. Da war es mit einem Mal schrecklich wichtig, dass ich von da an immer Rock trage. Aber manchmal habe ich halt auch Lust auf Hose. Wobei der Bus echt der ungeeignetste Ort ist, in Hosen aufzutauchen. Alle Somalier, die einsteigen, glotzen dich und deine Hose an. Das kann einem echt den Tag versauen.

Nancy: Vielleicht solltest du unseren Lesern genauer erklären, was es mit Rock und Hose auf sich hat?

A: Oh sorry, klar. Also: ehrbare Mädchen tragen keine Hosen.

N: Meinst du eine eng anliegende Hose oder so eine weite, wie du sie heute trägst?

A: Das spielt keine Rolle. Bei mir war es eine Jogginghose. Aber wehe mir, ich hätte Leggings angehabt und meine Formen gezeigt, das ist echte Sünde im Islam. Und du darfst keine Sünde begehen. Ein Rock ist das Zeichen, dass du praktizierende Muslima bist, ein guter Mensch, der eine sehr anständige Familie repräsentiert.

N: Gilt das auch für Miniröcke?

A: Ha, ha.

S: Aber unter dem Rock trägst du noch etwas anderes, oder?

A: Ja, unbedingt einen Unterrock.

S: Und unter dem Rock oder den Röcken musst du auch noch eine Tights oder eine Hose tragen.

A: Und wenn du dann noch Abaya trägst ... Der feuchte Traum jedes strenggläubigen Muslims.

S: Abaya sieht schon toll aus, wie ein langes, wallendes Kleid ...

A: Ich trage nur Tights darunter, obwohl eigentlich auch ein Rock darunter getragen werden sollte. Deine Formen dürfen auf keinen Fall zu sehen sein! Du darfst nicht zeigen, dass du eine Frau bist.

S: Das kommt mir sehr bekannt vor, aus dem Sportunterricht in der Schule. Ich durfte keine Sporttights oder Shorts tragen wie die anderen. Ich hatte was Langärmeliges an und Leggings, alles ein bisschen zu groß und schlabberig, um die Figur zu verhüllen.

N: Damit bei deinem Anblick bloß keiner denkt, »die würde ich gern nach Hause bringen«.

S: Mh, wir wollten doch eigentlich über Überwachung sprechen. In diesem Zusammenhang bedeutet es die totale Krise, wenn du Selfies ins Netz stellst. Besonders als Hidschabi.

A: Wie meinst du das?

S: Na ja, wenn du Selfies ins Netz stellst und für alle sichtbar bist, wenn die Leute dich googeln können und Bilder von dir finden. Da gibt es immer jemanden, der es deinen Eltern steckt. Du sollst möglichst unsichtbar sein.

A: Stimmt, viele muslimische Mädchen haben als Profilbild eine Rückenansicht von sich oder wie sie aufs Wasser oder in den Himmel schauen, aber selten das Gesicht.

S: Du musst immer damit rechnen, dass irgendein Familienmitglied, ein Cousin oder eine Cousine, wer auch immer, auch bei Facebook ist und weitererzählt, was du so ins Netz stellst und wie du dich präsentierst.

N: Ich habe gehört, dass manche Leute quasi als Freizeitunterhaltung in Netzforen nach bestimmten Leuten suchen und …

S: Die scheinen regelrecht organisiert zu sein und sich gegenseitig auf dem Laufenden zu halten, was die Mädchen auf Facebook posten oder wo sie zuletzt gesehen wurden. Und dann streuen sie Gerüchte … Das ist die reinste Gerüchteküche, wie ich das sehe. Da nehmen wildfremde Menschen deinen Namen in den Mund und verbreiten Dinge über dich. Das ist ätzend.

A: Dabei braucht es noch nicht einmal deinen Namen, es reicht: die Tochter von …

S: Ja, genau. Das ist die Tochter von …, sie nennen noch nicht einmal deinen Namen, einfach nur, die Tochter von diesem oder jenem. Und da du für den Ruf und die Ehre deiner Familie verantwortlich bist, kann das deiner Familie natürlich nicht egal sein. Ich begreife einfach nicht, wie jemand sich so verdammt verpflichtet oder berechtigt fühlen kann, sich in dieser Weise in die Angelegenheiten anderer Menschen einzumischen? Das ist echt krank. Sexuelle Kontrolle ist grundsätzlich pervers. Dass manche Leute sich das Recht herausnehmen, den Körper der Frau zu kommentieren oder was sie mit ihrem Körper macht, wie sie sich kleidet. Das will nicht in meinen Kopf.

N: Es hängt natürlich viel davon ab, wie deine Eltern mit so einer Situation umgehen. Wenn sie entsetzt darauf reagieren, dass jemand ihnen erzählt, er hätte dich in Hosen oder mit einem Freund oder Bilder von dir auf Facebook gesehen, dann ist das ein Problem. Aber so eine Un-Kultur wird eigentlich nur verstärkt, wenn die Eltern entsprechend negativ reagieren. Wenn sie aber sagen: »Whatever, gut, dass du uns davon erzählt hast« und dann entspannt mit dir darüber reden, dann muss es kein Problem sein. Und vielleicht weisen sie ja auch diejenigen, die solche Gerüchte verbreiten, in die Schranken und machen ihnen klar, dass sie kein Interesse an solchem Tratsch über ihre Tochter haben.«

A: Du sprichst die Verantwortung der Eltern an. Dabei sind wir schließlich auch damit aufgewachsen, dass es ganz normal ist, über andere zu reden. Aber wir haben eine Verantwortung, Kritik zu üben und unsere Mitstreiterinnen darauf aufmerksam zu machen, dass sie in solchen Gesprächen keine Egalhaltung einnehmen dürfen. Aber wenn wir Kritik üben, müssen wir natürlich immer damit rechnen, von unseren Eltern vorgehalten zu bekommen, was wir denn selber schon geleistet haben? Dass wir nicht in der Position sind, ihnen zu sagen, was sie machen sollen. »Ich bin älter, und ich bin deine Mutter.« Das ist eine sehr ungerechte Machtverteilung zwischen Eltern und Kindern, und längst nicht jedes Kind hat die Möglichkeit, zu widersprechen.

N: Ja, das ist echt unfair, das als Argument zu bringen. Nach dem Motto: Was hast denn du selbst in der Richtung schon geleistet?

S: Ja, oder: Was ist in dich gefahren?«

A: Bei uns hat die Mutter einen sehr, sehr hohen Status.

N: In Skien?

A: Nein, in Somalia. Wer sich gegen seine Mutter auflehnt, indirekt oder direkt, lehnt sich gegen Allah auf. Und das wird aktiv gegen dich verwendet.

N: Ja, das stimmt. Die Frau ist sehr ehrbar. Die Frau hat im Islam einen sehr hohen Stellenwert, einen sehr hohen Status. Trotzdem gibt es einen Haufen Regeln für sie. Wenn man jünger ist, fühlt es sich noch so an, als wären all die Regeln für dich gemacht, weil du besonders wertvoll bist, ein bisschen wertvoller als andere. Aber wenn du älter wirst und genauer darüber nachdenkst, erkennst du die indirekte, oder eigentlich sehr direkte Ansage, dass du einen Dreck wert bist.

S: Und dieses ständige Gefühl, überwacht und kontrolliert zu werden, wo immer man ist, sobald man jemanden sieht, der so aussieht wie man selbst.

Das schränkt dich automatisch ein, in allen möglichen Bereichen. Da plant man viel vorsichtiger, zum Beispiel, mit wem man sich wo verabredet.

N: Ich hab irgendwie meine gesamte Kindheit und Jugend ein bisschen Bammel vor Leuten gehabt, die aussehen wie ich oder die noch dunkler sind. Oder zumindest war ich skeptisch. Als ich dann 2014 Sofia kennengelernt habe, da dachte ich: »Shit, eine coole Hidschabi, eine coole Araberin, eine coole Muslima, gibt's so was?«

S: Ha, ha! Und ich dachte: »Was, die trinkt Wein?!«

N: Ja, das war ziemlich spannend. Aber mal ehrlich, rumzulaufen und Angst vor allen Leuten zu haben, die aussehen wie man selbst, das ist doch echt krass und führt dazu, dass wir uns in vielen Bereichen selber einschränken. Statt über wichtige Fragen und Probleme zu reden, die uns gemeinsam bewegen, werden wir völlig paranoid und lassen uns einschüchtern und machen uns Gedanken, was andere Leute über uns denken und sagen könnten. Solange

wir nicht miteinander reden, stärken wir die vorhandenen Strukturen, die uns begrenzen, und das Patriarchat generell.

A: Mit den Freundinnen, mit denen ich in die Moschee gegangen bin, hatte ich nur diese einzige Gemeinsamkeit. Wir haben uns nie ausgetauscht: Was machst du durch, was hast du erlebt, hast du schon mal was erlebt, das haram ist? Wenn ich genauer darüber nachdenke, habe ich kaum richtige Freunde.

s: Stimmt, wir haben hauptsächlich oberflächliche Bekanntschaften.

A: Extrem oberflächlich.

S: Weil man immer darauf achten muss, was innerhalb des Kanon ist und was nicht. Solange du versuchst, es allen recht zu machen, sind alle zufrieden. Das ist deine einzige Bestimmung im Leben.

N: Man entwickelt sich zu einer verdammt guten Lügnerin. Wenn man eine Lüge nur oft genug wiederholt, glaubt man sie irgendwann selbst. Das geht an die Psyche, sich die ganze Zeit für jemanden auszugeben, der man nicht ist.

S: In dem Fall musst du dir alle Lügen merken: »Was hab ich noch gleich erzählt? Vielleicht sollte ich mir besser was Neues ausdenken«. Und mit jeder weiteren Lüge wird man mehr in ein Doppelleben gedrängt. Zum Beispiel ein Mädchen, das sich verliebt und ihren Freund geheim hält, und dann findet die Mutter das raus, wie Sanas Mutter in SKAM, weil sie in ihrem Zimmer rumschnüffelt. Das passiert nicht selten, dass Mütter in den Sachen ihrer Töchter schnüffeln.

N: Oh ja, Mütter sind Superdetektive.

S: Ja, die kriegen alles mit.

N: So ein Doppelleben ist ganz schön riskant und anstrengend, weil, wenn man nicht mit seinen Eltern reden kann, fehlt einem vielleicht das nötige Sicherheitsnetz, wenn es Probleme gibt.

S: Mal im Ernst: Wie soll man seinen Eltern vertrauen und ihnen von seinen Problemen erzählen, wenn sie eigentlich gar nicht interessiert, was du zu sagen hast, sondern vielmehr, was die anderen Leute über dich denken?

A: Ich glaube, wir sind es so gewohnt, überwacht zu werden, dass wir manchmal gar nicht mehr merken, dass es so ist. Von Taxifahrern, zum Beispiel.

S: Also echt, Taxifahrer ...

N: Die sehen alles.

S: Und dann kennen sie jemanden, der deine Familie kennt, der seinerseits jemanden kennt, der deine Familie kennt. Sie sehen alles. Manchmal kommt es mir vor, obwohl ich keinen Taxifahrer persönlich kenne, dass sie, wenn sie an mir vorbeifahren, irgendwie langsamer werden und mich beobachten. Oder wenn ich ein Taxi nehme, dass der Fahrer anfängt, Fragen zu stellen: Woher kommst du? Bist du Muslima? Aus welcher Familie stammst du? Diese Rundumüberwachung macht einen völlig paranoid. Was will diese Person von mir? Man wird sofort skeptisch. Das ist echt traurig.

N: Das hab ich auch schon erlebt: Bist du Muslima? Bist du norwegisch? Bist du dies, bist du das? Wie heißt dein Vater, deine Mutter? Ich setze mich immer nach hinten und stecke meine Ohrstöpsel rein, und wenn mir jemand Fragen stellt, antworte ich nur mit »Mhm«. Egal, wo der Taxifahrer herkommt. Auch wenn's unhöflich ist. Sie fragen vielleicht nur, um freundlich zu sein, aber es ist einfach unglaublich stressig.

S: Es stresst einen, weil man weiß, wie die Gerüchtekultur funktioniert. Man setzt sich in ein Taxi, dann kommt prompt die Frage: »Bist du nicht die Tochter von ...?«, da denk ich doch nur: NEIN! Okay, ich steig hier aus, passt schon, ich lauf nach Hause.

N: Habt ihr Fremde, die euch ansprechen und Fragen stellen, schon mal angelogen?

A: Ja. Dass ich nicht Somalierin bin. Meistens in Oslo, wo mich keiner kennt, da lüge ich ständig. Ich sag nie, woher ich komme oder meinen richtigen Namen. Ich hab sogar schon mal erzählt, ich wäre Ärztin

oder Botschafterin. Wallahi, die glauben einem alles.

S: Wenn wildfremde Menschen mir sagen, was ich tun oder lassen soll, weil sie vermuten, dass ich Muslima bin, finde ich es einfacher, nichts zu sagen. Als ich mal in einem Kiosk ein Sandwich-Eis kaufen wollte, sagt doch der Typ an der Kasse zu mir: »Du, ich glaube, da ist Schwein drin.« Und ich so: »Kann sein, aber ich will das Eis trotzdem.« Und er: »Ja, aber du bist doch Muslima.« Und ich: »Ja und, ich WILL aber das Eis.«

N: Die sollten echt professioneller sein.

S: Er hat es mir nicht verkauft.

A: Nicht im Ernst?

S: Doch, er hat's mir nicht gegeben. Ich glaube nicht, dass in Sandwich-Eis Schweine-Gelatine ist.

A: Gelatine ist doch überall drin – in Brot, Hotdogbrötchen, Hamburgerbrötchen. Man muss ständig darauf achten. Echt kompliziert. Nächstes Mal bring ich nur Wasser mit.

Liebe Sofia (10)

Du verstehst nicht, was du an diesem frühen Sommermorgen siehst, als du nach dem Aufwachen aus dem Fenster schaust: Euer Auto ist halb ausgebrannt. Vor der Tür liegt die blaue, halb geschmolzene Papiertonne. Dein Fahrrad und das Rad deiner kleinen Schwester sind auch zerstört. Eine große Fläche des Rasens ist schwarz verkohlt. Von dem Quad, auf das dein Papa lange gespart hat, damit ihr im Sommer Spaß zusammen habt, ist kaum noch was übrig. Es stinkt nach verbranntem Kunststoff. Deine Eltern sitzen bedrückt in der Küche, du fragst sie, was passiert ist. Sie erklären es dir: Es hat gebrannt heute Nacht. Sie rücken nicht mit der ganzen Wahrheit raus, aber du hörst nicht auf zu fragen. Deine Geschwister werden wach, und am Ende hört ihr die ganze Geschichte. Jemand hat versucht, euer Haus anzuzünden. Jemand will euch nicht hier haben.

Das ist eine Erinnerung, die du lange verdrängst. Später verstehst du, dass du das tust, weil die hochkommenden Gefühle und Gedanken nur schwer zu ertragen sind. Das ist deine erste Erfahrung, wie groß der Hass mancher Menschen auf »solche wie dich« sein kann.

Du schaffst es erst viel später, das, was geschehen ist, aufzuarbeiten. Und das ist eine verdammt schmerzliche Angelegenheit. Aber es ist auch ein Teil deiner persönlichen Antriebskraft, dich für eine freundlichere Gesellschaft einzusetzen.

Feste Umarmung, Sofia (23)

Die Psyche

WURDE AMINA ERZÄHLT

»WAS IST DAS da an deinem Arm?«, fragt die Mutter.

Die langen Ärmel haben nicht ordentlich verdeckt, was sie verbergen sollen.

Sie erzählt ihrer Mutter alles. Dass sie sich an manchen Tagen ganz starken Schmerz zufügen will, an anderen weniger. Die Tiefe der Schnitte zeigt, was für ein Tag es war.

An manchen Tagen möchte sie nicht mehr leben.

»Du musst Gott suchen, ███████«, sagt ihre Mutter nur. »Gott wird dir helfen. Hast du genug gebetet?«

Ihre schmutzigen und aufgerauten Knie sagen ihr, dass sie genug gebetet hat. Sie hat sich wirklich angestrengt.

Ihre Mutter tätschelt ihr die Wange.

»Bitte Gott um Vergebung, mein Mädchen, dann wird es schon wieder gut werden.«

Amina: »Bete! Und du wirst wieder gesund!« Das kriegen wir bei psychischen Problemen zu hören.

Sofia: Ja, von Leuten, die glauben, auf alles eine Antwort zu haben, und nichts von unseren Problemen hören wollen. Zu einem Krebskranken würde man doch auch nicht sagen: »Bete halt ein bisschen mehr, dann wird Gott dich schon heilen.« Wenn du deprimiert bist, nennen sie dich faul. Hast du Essstörungen, nennen sie dich undankbar, weil du dein Essen erbrichst. Bist du bipolar, bist du in ihren Augen einfach verrückt. Von irgendeinem Dämon besessen.

Nancy: Das hat was mit unserer Kultur zu tun. Es ist tabu, über psychische Störungen zu reden, über die Psyche generell. Und ich glaube, das ist gar nicht mal grundsätzlich böse gemeint, sondern liegt an dem Wissensdefizit und einer Form von Ignoranz der Tatsache gegenüber, dass psychische Störungen eine Krankheit sind.

S: Man darf nicht zu hart über die urteilen, die die Probleme nicht verstehen, schließlich kommen wir selbst aus einem Umfeld, wo nicht über solche Dinge geredet wird, wo man nichts oder nur wenig darüber weiß. Aber es ist lebenswichtig, über die Psyche zu reden. Wer krank ist, muss über seine Beschwerden reden können, das Gefühl bekommen, ernst genommen zu werden. Besonders Menschen mit schweren Depressionen.

A: Kennt ihr das auch aus dem Libanon …? Wenn in Somalia ein Mädchen in der Schule umkippt oder ohnmächtig wird, denken alle sofort, dass ein Dämon in sie gefahren ist. Dabei ist das wahrscheinlich eine psychische Stressreaktion. Und statt sie zu einem Arzt zu bringen, bringt man sie in die Moschee. Das ist was ganz Alltägliches, passiert ständig.

N: Was meinst du? Das Umkippen?

A: Dass Mädchen ohnmächtig werden oder anfangen zu heulen. Ein bisschen wie ein epileptischer Anfall. Habt ihr so was schon erlebt?

S: Ich hab auch gelesen, dass von psychisch kranken Menschen gesagt wird, sie wären besessen.

N: Ja, stimmt. Aber deswegen werden sie nicht alle in die Moschee geschleppt und ...

S: Sie werden in die Moschee gebracht, wo der Imam zur Beruhigung Verse aus dem Koran zitiert. Das soll funktionieren. Aber da werden sie nicht wie Kranke behandelt, sondern wie Menschen, die von Dämonen und Dschinn besessen sind.

A: Das habe ich auch schon gesehen. Sie werden dann von mehreren Leuten auf dem Boden festgehalten.

S: Das ist ja krank.

A: Psychologen existieren in ihrer Welt nicht.

S: Und wenn die Person ernsthaft krank ist? Ach was, das kriegen wir hin, entspann dich. Wir regeln das mit Gott. Es ist eine Schande, andere als Gott um Hilfe zu bitten ... Für jedes Problem im Leben gibt es einen Vers im Koran. Bist du deprimiert, gibt es einen Vers, bist du traurig, haben wir auch dafür einen Vers ...

N: Glaubt ihr, dass es einen noch kranker macht, wenn man versucht, sich durch seine Religion und Gebete zu heilen?

A: Ja, auf jeden Fall. Wenn man seine Probleme immer verdrängt und keine professionelle Hilfe in Anspruch nimmt und ein Ventil für seine bedrückenden Gedanken bekommt, kann es nur schlimmer werden.

S: Da kann man schon anfangen, an seinem Glauben zu zweifeln. Weil er allein nicht hilft ... Es geht um ein Gleichgewicht zwischen beidem. Ich finde schon, dass Gebete helfen. Aber sie heilen einen nicht unbedingt. Gebete können lindernd wirken. Als Meditation zum Beispiel. Aber das heilt dich nicht von deiner Krankheit. Dazu musst du einen Spezialisten aufsuchen, einen Psychologen, einen Arzt. Vielleicht musst du Medikamente nehmen. Oder du brauchst eine intensive Gesprächstherapie, Gruppentherapie, was auch immer. Es gibt viele Hilfsmöglichkeiten. Und die sollte man nutzen. Gott ist entspannt. Gott will, dass wir auf uns achtgeben. Aber wir müssen es denen, die krank sind, leichter machen, zu einem Arzt zu gehen und um Hilfe zu bitten, und nicht das Gefühl vermitteln, dass es eine Schande ist, andere um Hilfe zu fragen.

A: In den Schulen müsste mehr über die Bedeutung der Psyche gesprochen werden. Damit es einem leichter fällt, zu Hause darüber zu sprechen, was einen belastet. Auch die Imame. Und die Gelehrten in den Moscheen. Die müssten Sprechzeiten einräumen, in denen man sich ihnen anvertrauen kann.

N: Ich glaube ja, dass das durch die soziale Kontrolle ausgelöste, permanent schlechte Gewissen um den Glauben und wie man sich zu benehmen hat, zu mentalen Erschöpfungszuständen führen kann.

Das zieht einem ganz schön Energie ab. Alles, was man tut, macht einem ein schlechtes Gewissen. Wenn man Dinge tut, die nicht auf einer Linie mit der Religion oder Kultur stehen, hat man entweder ein schlechtes Gewissen gegenüber Gott oder seinen Mitmenschen gegenüber, und das ist psychisch nur schwer zu ertragen.

Ratschlag für ehrbare Mädchen :
Denk dran, dass du die Ehre deiner
Familie auf deinen Schultern trägst.

Solche Krankheiten gibt es bei uns nicht

SOFIA

IN MANCHEN GESCHLOSSENEN Glaubensgemeinschaften gibt es extrem vorurteilsbelastete und ablehnende Haltungen psychischen Störungen gegenüber. Die Vorurteile sind das Resultat tief verwurzelter Ansichten, die aus dem Glauben heraus begründet werden. Man redet jungen Menschen ein, ihre Krankheit sei eine Konsequenz mangelnden Glaubens, mit ihnen stimme etwas nicht, sie seien selbst Schuld an ihrem Zustand. Oder ihre Krankheit sei eine Strafe Gottes, weil sie sich religiös nicht genügend angestrengt haben. Damit lädt man dem Kranken zusätzlich zu seinem Leiden noch Scham auf die Schultern.

Wenn du zu denen gehörst, denen eingeredet wurde, deine Angst rühre daher, dass du nicht stark genug glaubst, deine Essstörungen, weil du undankbar bist oder deine Depression, weil du nicht genug betest, dann haben wir ein paar erlösende Worte für dich.

Depressionen, Angst, Essstörungen, Posttraumatische Belastungsstörungen, bipolare Störungen, Schizophrenie. Das alles sind ganz reelle, echte Krankheiten. Für die man professionelle Hilfe braucht, um sie in den Griff zu kriegen. Und die man auf keinen Fall bekommt, weil man es verdient oder irgendwas falsch gemacht hat.

Vielleicht hast du mit jemandem geredet, der kein Verständnis für dich hatte. Vielleicht hast du zu Hause von deinem Kummer erzählt, deiner Mutter oder deinem Vater. Vielleicht hast du ein offenes Ohr gefunden, oder sie haben dir geantwortet, dass das nur eine Phase ist, dass das zum Erwachsenwerden dazugehört – und dass du es doch extrem gut hast im sicheren Europa, im Gegensatz zu ihnen, die als Jugendliche mehrere Kilometer zur Schule laufen mussten, kein Geld für Schuluniformen hatten und in Krieg und Armut aufgewachsen sind.

Vermutlich wissen sie es nicht besser, aber deswegen haben sie kein Recht, dir zu sagen, dass der Schmerz, den du empfindest, nicht reell ist.

Und nichts gegen Gebete, aber Gebete ersetzen keine professionelle Behandlung. Gebete alleine reichen nicht aus.

Es ist keine Schande, um Hilfe zu bitten, auch wenn der, den du fragst, nicht Gott ist.

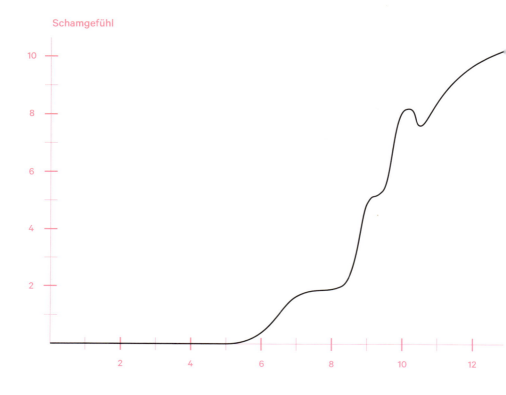

Schamgefühl vs. Alter:
Sofia

7 Jahre Ich komme in die Grundschule und fühle mich wohl. Ich bin ein Kind wie alle anderen und werde in die meisten Sachen einbezogen. Ich fühle mich nur anders und fremd, wenn ich Unterricht in meiner Muttersprache habe, Arabisch. Zum Glück bin ich in Arabisch und Norwegisch gleich gut.

9 Jahre Wir kriegen Schwimmunterricht, und zum ersten Mal fühle ich mich richtig anders.

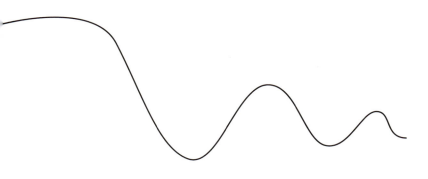

Schwimmen macht Spaß, aber es ist schwer mit der weiten Shorts über dem Badeanzug. Ich kann an nichts anderes denken, als daran, wie bescheuert die Riesenhose aussieht, wenn sie sich im Wasser aufbläht. So lerne ich nie schwimmen.

10 Jahre Ich erlebe zum ersten Mal Diskriminierung und bin völlig verwirrt zu sehen, wie viel Hass manche Menschen auf andere Menschen haben können, wegen ihrer Hautfarbe oder dem Glauben oder so.

11 Jahre In diesem Sommer beginne ich gegen den Willen meiner Eltern mit dem Hidschab. Ich sehe nicht ein, dass ich eigentlich noch zu jung dafür bin. Ich finde es einfach hübsch. Aber am ersten Schultag spüre ich schnell die schrägen Blicke, den Abstand zwischen mir und meinen Mitschülern, und die besorgten Blicke der Lehrer. Hänseleien auf dem Schulhof und dem Schulweg arten zu Mobbing aus. Manche Schüler rufen mir zu, wie hässlich ich mit dem Ding auf dem Kopf aussehe.

13 Jahre 8. Klasse. Als wäre es nicht schon anstrengend genug, in einer neuen Schule anzufangen und die einzige Muslima mit Hidschab zu sein, verliebe ich mich auch noch in einen Nicht-Muslim, der mit dem beliebtesten Mädchen an der ganzen Schule zusammen ist. Hoffnungslos an allen Fronten, und ich überlege mir, dass es wohl besser wäre, wenn ich mich grundsätzlich nicht verliebe. Hat ja eh keinen Sinn. Ich bekomme meine Menstruation. Jetzt gelte ich als erwachsen und der Druck, ein »good girl« zu sein, wächst. Die Meinungen, welche Mädchen aus anderen Familien sich »gut« oder »schlecht« benehmen, führen dazu, dass ich anfange, mich mit ihnen zu vergleichen. Sind die guten besser als ich? Bin ich besser als die, die als schlecht bezeichnet werden? Sind meine Freundinnen in der Schule schlecht, und komme ich in die Hölle, wenn ich sterbe? Muss ich den Hidschab fester binden?

14 Jahre Während eines Besuches im Libanon schärft sich mein Blick auf meinen Körper, nachdem bei diversen Gelegenheiten hinter mir hergepfiffen wurde. Ich tue alles, um keine Aufmerksamkeit auf mich zu ziehen. Ich trage weitere und verhüllendere Kleider. Ich fühle mich wohler, vielleicht unsichtbarer?
Ich entwickele ein merkwürdiges Verhältnis zu Jungs. Jeder Versuch der Kontaktaufnahme von ihrer Seite löst bei mir Unwohlsein und schlechtes Gewissen aus, egal wie harmlos es ist.

Ratschlag für ehrbare Mädchen :
Benutz Binden. Tampons sind für verheiratete Frauen. Du sollst in der Hochzeitsnacht »da unten« doch intakt sein.

15 Jahre Ich empfinde es immer öfter als Last, als Mädchen geboren zu sein. Empfinde die Ungleichbehandlung als extrem ungerecht. Ich wäre viel lieber ein Junge!

17 Jahre Es kann doch kein Problem sein, ein Mädchen zu sein! Ich fange an mich zu trauen, zu widersprechen und kümmere mich weniger darum, was die Leute sagen. Ich habe ein paar gute Freundinnen gefunden. Eine von ihnen drückt mir ein Buch über Feminismus in die Hand. Ich interessiere mich immer stärker für die Rechte der Frauen. Alle meine Statusmeldungen auf Facebook sind der Mittelfinger an die Doppelmoral, geschlechterdiskriminierende Erziehung und soziale Kontrolle. Ich bin total wach für jede Form von Rassismus und Ungerechtigkeiten und fühle mich selbstbewusst wie nie. Ich mache alles, was good girls nicht machen: ich bin laut, zornig und sage meine Meinung. Und das fühlt sich gut an! Mein Verhältnis zu meinem Glauben wird entspannter, ich trage den Hidschab lockerer (sieht auch gleich viel hübscher aus), und die Kleider sind nicht mehr so wichtig.

19 Jahre Ich kriege einen Studienplatz für Jura in Oslo und ziehe zu Hause aus. Es fällt mir schwer, in der neuen Stadt und dem neuen Studienumfeld Leute kennenzulernen. Ich habe nach meinen Mobbing-

erfahrungen eine Sozialphobie, die meinen Alltag bestimmt. Ich schaffe es nicht, an Kolloquien teilzunehmen, muss mich hundert Mal treten, bevor ich zu irgendeiner Veranstaltung gehe. Ich isoliere mich, und die Einsamkeit vergrößert meine Scham.

21 Jahre Die schamlosen Mädchen gehen auf die Barrikaden! Wir starten eine befreiende Debatte. Ich schreibe darüber, das Glashaus zu zerschlagen, in dem wir sitzen. Das Glashaus, das die Illusion von Freiheit suggeriert, uns aber alle einsperrt. Es ist eine Erleichterung, endlich über ein konkretes Problem sprechen zu können, das viel zu lange negiert wurde. Aber es ist auch eine Bürde. Das Diskussionsklima ist extrem rau, von vielen Seiten schwappt uns Hass entgegen. Und es ist anstrengend, in vielen Arenen gleichzeitig zu kämpfen.

22 Jahre Nach mehreren Jahren Grübelei und Nachdenken fasse ich den Entschluss, meinen Hidschab abzulegen. Und es fühlt sich richtig an. Das Timing ist rein zufällig und hat nichts mit der Schamlos-Debatte zu tun, ich will es nur nicht weiter auf die lange Bank schieben. Ich habe mehrere Jahre darüber nachgedacht, mehr als genug Rücksicht auf andere genommen, jetzt wird es Zeit, dass ich lebe, wie ich es für richtig halte. Glaube ist so viel mehr als mein Körper und Äußerlichkeiten. Gott ist gechillt. Es ist wichtig, sich nicht von anderen definieren zu lassen, aber das ist einfacher gesagt als getan. »Die Hölle, das sind die anderen«, schreibt Sartre. Das schlechte Gewissen folgt mir auf Schritt und Tritt. Enttäusche ich andere? Bin ich eine Heuchlerin, weil ich den Hidschab verteidigt habe, um ihn schließlich doch abzulegen? Ich verteidige ihn immer noch, ich will ihn nur selbst nicht mehr tragen. Bin ich nicht mehr das anständige muslimische Mädchen, das alle in mir gesehen haben? Meine Eltern stützen mich, aber die Worte eines mir nahestehenden Menschen gehen mir lange nach: »Den Hidschab abzulegen ist eine so große Sünde wie Schweinefleisch zu essen oder Alkohol zu trinken.«

23 Jahre Habe ich tatsächlich das Glashaus zerschlagen, in dem Mädchen wie wir eingesperrt sind? Wie frei bin ich? Kann ich mich irgendwann ganz von den Erwartungen und Verurteilungen anderer Menschen befreien? »Ungläubige sind sie, allesamt.« Bin ich ungläubig? Begehe ich eine Sünde mit meiner Kleiderwahl? Zeigt das Oberteil zu viel Haut? Ist das Kleid zu figurbetont? Bete ich genug? Ist mein Glaube stark genug? Ich denke wegen der heftigen Hassreaktionen oft darüber nach, ob es richtig war, den Hidschab abzulegen. Ich rede davon, Glashäuser zu zerschlagen und schäme mich, über mein eigenes Leben zu sprechen. Ich habe Scham empfunden, als ich an diesem Buch mitgeschrieben habe. Gebe ich zu viel von mir preis? »Opferrolle!«, werden einige sagen, »Mediengeil!« andere. Wie viel bin ich bereit, von mir preiszugeben, um anderen Mut zu machen, das Wort für sie zu ergreifen? Ich bin mir unserer Sache absolut sicher, aber oft unsicher, wie viel von meinem Privatleben ich opfern will, um die zu erreichen, die unsere Unterstützung brauchen.

Doppelte Schuld

WURDE NANCY ERZÄHLT

IHRE MUTTER LÄUFT vor ihr hin und her und murmelt auf Arabisch vor sich hin.

»Mama«, fleht ███████. Ihre Stimme versagt. Aber sie will auf keinen Fall weinen. Sie hat nicht ein einziges Mal geweint, seit er Schluss gemacht hat. Und davor auch nur selten.

Nicht, als er sie beschuldigt hat, untreu zu sein, und sie ihn überzeugen musste, dass sie niemals einen anderen küssen würde. Nicht, als er sie angebrüllt und sie geschlagen hat. Nicht einmal, wenn er sie vergewaltigt hat. Nicht das erste Mal und nicht danach.

Nach einer Weile kamen die Drohungen. Dass er ihre Ehre zerstören und allen erzählen wollte, wie billig sie sei. Weil sie ihn an sich ranließ, sich benutzen ließ. Er wollte allen erzählen, wie gut ihr das gefiel. Danach würde keiner sie mehr mit der Zange anfassen, geschweige denn heiraten.

»Du wirst niemandem mehr unter die Augen treten können«, sagte er.

Irgendwie hat ihre Mutter von den Drohungen erfahren, obwohl er sie nie wahr gemacht hat. Wahrscheinlich hat sie die Nachrichten auf ihrem Handy gelesen oder ihre Mails, obgleich sie darauf geachtet hat, sie regelmäßig zu löschen. Jetzt sitzt sie auf dem Bett in ihrem Zimmer und sieht ihre aufgebrachte Mutter vor sich hin und her laufen.

»Hat er dir was getan? WAS HAT ER GETAN? Ich muss wissen, wie befleckt die Ehre der Familie ist.«

Sie würde es so gerne erzählen. Sie hat bisher mit niemandem darüber gesprochen. Sie will erzählen, dass sie nichts tun konnte, um ihn davon abzuhalten, wie weh er ihr getan hat. Aber sie kann nicht.

»Wir haben dich mit dem Jungen zusammen sein lassen, den du wolltest, und du hast es kaputt gemacht. Du hast unser Leben kaputt gemacht. Was sollen die Leute jetzt über uns sagen? ALLES ist kaputt, deinetwegen.«

Sie sieht ihre Mutter an und sagt, dass er nichts getan hat. Dass er sie mit den Drohungen nur einschüchtern wollte. Dass sie bis jetzt nur Händchen gehalten haben.

Ratschlag für ehrbare Mädchen:
Zur Frauenärztin brauchst du erst zu gehen, wenn du verheiratet bist.

Nancy: Sie nimmt ihn in Schutz, um sich selbst zu schützen. Ich kenne mehrere Mädchen, die so etwas erlebt haben. Die soziale Kontrolle liegt in diesem Fall nicht in der Vergewaltigung, sondern in der Reaktion der Mutter, in den Rückmeldungen, die das Mädchen bekommt, und die sind, fürchte ich, sehr typisch. Sie laden dir die Schuld auf. Eine doppelte Schuld. Du bist Schuld an dem, was dir passiert ist, und dazu trägst du noch die Schuld, die Ehre der Familie beschmutzt zu haben, wenn das rauskommt. Die Familienehre hängt sozusagen von deiner Jungfräulichkeit ab. Ich glaube, dass deswegen Mädchen aus unseren Gemeinschaften nur sehr selten über solche Dinge sprechen.

Sofia: Ja, Minderheiten-Mädchen aus einem geschlossenen Milieu sind sozusagen doppelt angreifbar. Oder Mädchen wie wir, muslimische Mädchen. Vergewaltigungen und Übergriffe sind generell tabu, nur ganz wenige wagen es, offen darüber zu sprechen. Als Mädchen einer ethnischen Minderheit riskierst du womöglich, von der Familie und deinem sozialen Umfeld verstoßen zu werden, wenn bekannt wird, dass du vergewaltigt oder sexuell belästigt wurdest. Manche werden es als Verrat sehen. Andere als Versuch, Aufmerksamkeit auf sich zu ziehen. Ein paar werden vielleicht sogar sagen: »Warum zeigst du ihn nicht einfach an?« So einfach könnte das sein. Hast du einen Übergriff welcher Art auch immer erlebt, zeig es an! Aber in den wenigsten Fällen kommt es zu einer Verurteilung. Und wenn das Mädchen vor Gericht verliert, wird das oft als Beweis genommen, dass sie gelogen hat. Das ist auch eine Form von Kontrolle.

N: Absolut.

Amina: Meiner Meinung nach hängt das damit zusammen, wie früh den Mädchen Vorschriften gemacht werden, wie sie sich zu kleiden und zu benehmen haben und was sie sagen dürfen. Mit dem Regelkatalog, den sie befolgen sollen. Weichst du von

diesem Regelkatalog ab, beispielsweise, indem du keinen Hidschab
trägst, spät noch unterwegs bist oder
dich in Vereinen wie Handball oder
so was engagierst, werfen sie dir vor,
dass du Übergriffe und Vergewaltiger
ja geradezu herausforderst.

S: Ja, es wird uns eingetrichtert, dass
das die logische Konsequenz ist.

A: »Ist ja kein Wunder, dass du vergewaltigt wurdest«, sozusagen.

S: In unseren Milieus sind muslimische Mädchen selbstverständlich
anständige Mädchen, die sich an
die Regeln halten und darum nicht
in Schwierigkeiten geraten. Aber
Muslimas werden auch vergewaltigt,
sie reden nur nicht darüber.

A: Und was ist, wenn ein Junge vergewaltigt wird?

N: Da redet man auf keinen Fall drü-
ber! So etwas passiert nicht.

S: Dazu kommt, dass Vergewaltigung
sehr unterschiedlich definiert wird.
Wenn du alleine draußen unterwegs

bist und wirst überfallen, okay, das
gilt schon als Übergriff/Vergewalti-
gung. Aber ein bisschen hast du das
ja selbst verschuldet, weil du so spät
alleine unterwegs warst und so weiter. Das wird nicht so hart verurteilt
wie zum Beispiel, wenn du mit einem
Jungen nach Hause oder auf eine
Party gehst und da passiert was. Das
ist dann definitiv deine Schuld.

N: Das ist eine ganz gängige Reaktion, dass sie entweder dir die Schuld
geben oder die Familie Schadens-
begrenzung betreibt, indem sie dafür
sorgt, dass niemand davon erfährt.
Eine ganz zentrale Sorge in unseren
Milieus ist: Was sollen die Leute
sagen? Darum geht es der Mutter in
unserer Geschichte: Was sollen die
Leute sagen, wenn sie das erfahren?

S: Ich glaube auch, dass diese Kultur
des Schweigens in den geschlossenen Milieus weit verbreitet ist. Und
diese Schweigekultur macht es fast
unmöglich, mit jemandem zu reden,
sei es mit der Mutter, dem Vater,
einer Schwester, whatever, irgend-
jemand aus der Familie.

N: Nicht nur in geschlossenen
Milieus.

S: Stimmt, Übergriffe sind generell ein Tabuthema. Das wissen wir aus den Medien. Wir haben von vielen Fällen gelernt, dass es absolut tabu ist, in der Öffentlichkeit über Übergriffe zu reden. In einem Fall ist ein Mädchen nach einer Gruppenvergewaltigung an die Öffentlichkeit gegangen und hat die Täter namentlich angezeigt. Die Norweger haben sehr unterschiedlich darauf reagiert. Sie hat viel Ablehnung erfahren. Slutshaming und jede Menge Hass-Kommentare: Hure, Schlampe, du hast es doch selber gewollt. Solche Reaktionen sind echt krank. Auf der anderen Seite gab es landesweit Demonstrationen für sie, um sie zu stützen, und das war schön zu sehen. In einem geschlossenen Milieu gibt es solche Netzwerke nicht, so eine Solidarität ... Da ist eher Ablehnung von allen Seiten zu erwarten. Und dann noch die Einstellung, dass ein vergewaltigtes Mädchen kaputt ist, nicht mehr intakt, gebraucht.

N: Manchmal reicht es, dass du jemanden geküsst hast.

S: Es braucht nicht viel. Hältst du Händchen mit einem Jungen, bist du eine Hure. Trinkst du Kaffee mit einem Jungen, bist du eine Hure. Das ist so ... Und hast du dann noch deine Jungfräulichkeit verloren, dann hast du das Wertvollste an dir verloren. Da kannst du noch so sehr damit argumentieren, dass das mit der Jungfernhaut ein Mythos ist.

N: Es reicht schon der leiseste Verdacht. Dazu braucht es nicht viel, ein kleines Gerücht.

A: Das Erste, was die Mutter zu ihrer Tochter sagt, nachdem sie von den Übergriffen erfahren hat, ist: »Was hat er mit dir gemacht, ich muss wissen, wie entehrt unsere Familie ist.« Was hätte die Mutter sagen sollen, um ihre Tochter zu unterstützen?

S: Sie hätte sich zu ihr setzen sollen ...

N: »Wie geht es dir?« fragen.

A: »Was kann ich tun?«

S: Sie hätte sich zu ihrer Tochter setzen und sagen sollen: »Wenn du reden willst, wenn du mir etwas erzählen willst, bin ich für dich da. Wenn du jetzt nicht darüber reden willst, gehe ich, aber ich bin für dich da, wenn du mich brauchst«. Sie sollte ihr sagen, dass sie da ist und sie unterstützen wird, egal was ist. Aber nicht diese Vorwürfe und Fragen: »Was ist passiert, was hast du gemacht, was hast DU gemacht?« Und nicht, was ihr angetan wurde. Also ...

A: Alles, was du gerade sagst, sollte generell gelten, egal, in welcher Situation. Ich habe als jüngeres Mädchen öfter erlebt, dass immer, wenn irgendwas mit mir war, unmittelbar mit der Kultur oder Religion argumentiert wurde. Aber wenn du so was Schreckliches erlebt hast wie eine Vergewaltigung, dann kann man nicht mit Religion und Kultur kommen. Da musst du die Möglichkeit haben, über deine Gefühle zu reden. Darum hätte die Mutter fragen sollen, wie es ihrer Tochter geht und wie sie ihr helfen kann. Dann kann man später immer noch die Religion und die Kultur als Trost heranziehen oder anbieten, zusammen in die Moschee zu gehen oder zusammen zu beten, was weiß ich.

S: Väter schieben die Schuld nicht selten den Müttern zu, nach dem Motto: »Das ist deine Tochter, du hast sie nicht anständig erzogen.«

N: Wie Sofia schon sagt, Mütter müssen auch oft auch mit Konsequenzen rechnen.

S: Das ist deine Tochter, krieg sie in den Griff.

N: Das kommt natürlich auch auf die Familie an.

S: Ja, klar. Es ist gut, dass es nicht in allen Familien so ist, hoffentlich noch nicht mal in den meisten. Und wenn eure Töchter beschließen, sich euch anzuvertrauen, sagt bitte nicht als Erstes: »Und welcher Mann nimmt dich jetzt noch«, »So kriegen wir dich nie verheiratet« oder »Der Mann, der dich nimmt, bringt ein großes Opfer«.

N: Ja, das ist auch so eine fixe Idee, dass man ein großes Opfer bringt, eine Frau zu heiraten, die nicht mehr Jungfrau ist. Echt nett.

S: Nett, ha. Kein Wunder, dass diese Mädchen darüber schweigen. Aber wie soll es anders sein? Nur: wenn man nicht darüber redet, kann man das Erlebte auch nicht verarbeiten. Vielen Mädchen und Frauen würde es bestimmt besser gehen, wenn sie zu Hause über das reden könnten, was ihnen passiert ist. Für alle, die diese Möglichkeit nicht haben, muss es andere Wege geben. Es darf nicht sein, dass Mädchen mit Traumata, Posttraumatischen Belastungsstörungen, Angststörungen und Depressionen nicht die nötige Hilfe bekommen. Wir müssen diesen Mädchen Mut machen, jede Hilfe in Anspruch zu nehmen. Und wir müssen offen und immer wieder über Übergriffe sprechen, damit diejenigen, die das erleben, verstehen, dass sie keine Schuld an dem haben, was ihnen widerfahren ist.

A: Ich denke oft darüber nach, wie schwer es für verheiratete Frauen ist. Es gibt einen Hadith (Überlieferung der Aussprüche Muhammeds), auf den sich viele Männer beziehen, in dem heißt es, dass eine Frau, die sich weigert, mit ihrem Ehemann zu schlafen, nachts von Engeln heimgesucht wird, die sie verfluchen.

S: Oh ja, solche Geschichten kenne ich auch. Ich befürchte, dass viele Frauen aus der Generation unserer Mütter das erste Mal mit ihrem Mann als Vergewaltigung erlebt haben, weil sie eigentlich keinen Sex mit ihm haben wollten. Wenn man mit jeman-

dem verheiratet wird, den man nicht liebt oder nicht selber gewählt hat, ist jedes miteinander Schlafen mehr oder weniger ein Übergriff.

N: Für beide Seiten. Weil von einem Ehepaar erwartet wird, dass sie Kinder kriegen.

S: Und stellt euch vor, man geht die Ehe ein und weiß nichts über Sex und Sexualität oder wie der eigene Unterleib funktioniert.

N: Dass man zum Beispiel mehrere Körperöffnungen hat. Im Ernst, auf dem Niveau bewegt sich das, das sind Erwachsene, die das nicht wissen. Wie soll man ein natürliches Verhältnis zu seiner Sexualität oder seinem Körper bekommen, wenn man nichts darüber weiß und es als etwas Schambehaftetes betrachtet.

A: Das ist ganz schön traurig.

S: Was für einen Rat würden wir einem Mädchen geben, das einem Übergriff ausgesetzt war?

N: Mit Migrationshintergrund?

S: Oder einem Mädchen generell.

N: Kommt drauf an. Einem westlichen Mädchen würde ich sagen: Rede mit deinen Eltern, zeig es an, ich begleite dich, und so weiter. Was nicht unbedingt heißt, dass es da einfacher ist. Einem Mädchen mit Migrationshintergrund würde ich das so nicht sagen. Da wäre ich vermutlich viel vorsichtiger und würde erst einmal fragen, ob sie die Möglichkeit hat, mit jemandem zu reden und den Übergriff anzuzeigen oder ob es die Sache noch schlimmer machen würde.

S: Bei mir hat sich ein Mädchen gemeldet … Unmittelbar nach einer Vergewaltigung. Ich habe ihr geraten, zu einem Arzt zu gehen, um Beweise zu sichern. Und danach zur Polizei, um eine Anzeige zu machen. Ich hab ihr nicht gesagt, dass sie zuerst mit ihrer Mutter reden soll. Es ist nicht immer der beste Tipp, zu den Eltern zu gehen. Sie meint, dass sie zu Hause nichts sagen kann. Aber es ist auch kein einfacher Weg, zum Arzt und zur Polizei zu gehen. Ich würde mir wünschen, dass wir genau das erleichtern könnten!

A: Ich weiß nicht, was ich einem Mädchen raten würde, das zu mir kommt. Da ist so viel, was man berücksichtigen muss. Aber auf alle Fälle würde ich ihr sagen: Das ist NICHT deine Schuld.

N: Ja, ich stimme euch beiden zu. Das Mädchen sollte in jedem Fall einen Arzt aufsuchen. Ob man eine Anzeige macht, muss jeder für sich selbst abwägen. Das kann man längst nicht allen empfehlen. Aber es gibt Beratungsstellen wie Dixi bei uns, wo man darüber reden kann.

S: Genau, solche Empfehlungen kann man machen, auch wo man hingehen kann, wenn man juristischen Rat braucht.

N: Und dem Mädchen immer wieder sagen, dass es nicht ihre Schuld ist. Das ist in meinen Augen fast noch wichtiger, als mit den Eltern zu reden.

S: Wenn man sich unsicher ist, wie die Eltern reagieren, sollte man nicht als Erstes zu ihnen gehen. Aber die Mädchen müssen sich klarmachen, dass sie etwas Traumatisches erlebt haben und so schnell wie möglich

Hilfe brauchen. Damit sie nicht alleine sind.

A: Da bin ich nicht ganz eurer Meinung, dass man seinen Eltern nichts sagen sollte. Nicht als Erstes, das sehe ich ein, aber gar nichts zu sagen, halte ich nicht für gut. Es besteht natürlich das Risiko, dass man dafür verurteilt wird, du selbst, dein Umfeld, deine Familie, umso wichtiger ist es, etwas zu sagen. Wenn du deiner Mutter vertraust, kannst du mit ihr reden, damit sie dich auf der einen Seite stützen kann, während du von der anderen Seite Hilfe vom System bekommst.

N: Kann ich mal was sagen? Wir haben früher schon über Doppelleben und so gesprochen, das wir vor unseren Eltern leben. All die Regeln wegen Freunden und so, macht junge Menschen extrem verletzlich und angreifbar. Wenn du entscheidest, deine Beziehung zu einem Jungen vor deinen Eltern geheim zu halten und sie belügst, bist du besonders angreifbar, wenn etwas schiefläuft und es Probleme gibt.

S: In gewisser Weise, ja …

N: Wenn deine Eltern zum Beispiel keinen Freund dulden, du aber trotzdem einen hast, und dann geht was schief, da steckst du richtig in der Klemme. Wenn dein Freund ein Idiot ist oder die Beziehung nicht gut für dich ist, ist es schwierig, da rauszukommen, weil er damit ein Druckmittel gegen dich in der Hand hat.

S: Ja, ich weiß von mehreren Mädchen, denen es so geht.

N: »Wenn du das tust, erzähle ich allen, was ich über dich weiß.«

S: »Ich werde Gerüchte über dich verbreiten, ich werde deinen Eltern davon erzählen, ich werde Fotos an deine Freundinnen schicken, ich werde der ganzen Welt erzählen, was du mit mir gemacht hast.«

N: Mit Rückendeckung aus deiner Familie kannst du nicht rechnen, weil sie nichts davon wissen und du sie belogen hast.

A: Es fehlt das Sicherheitsnetz, in das man sich fallen lassen kann.

N: Ganz schön brutal, ein echter Teufelskreis für junge Menschen.

135

Bananen, Jungfernhäutchen und sexfixierte Mullahs

SOFIA

ICH MÖCHTE EUCH mit zurück in meine Schulzeit nehmen. Als über lange Strecken einzige Hidschabi an der Schule und in meiner Freundinnenclique, hatte ich das dezidiert unterentwickeltste Verhältnis zu Sex und Sexualität. Das haben vermutlich die meisten irgendwann, aber im Normalfall ändert sich das auch wieder. Bei mir nicht. Ich hab nie kapiert, was das Ganze sollte.

Wir hatten ein paar Stunden Aufklärungsunterricht, aber der war alles andere als gut. Ich finde den Sexualkundeunterricht in der Schule nach wie vor nicht befriedigend oder aufklärend genug. Das läuft so ab: ultrakurze Einführung in die Anatomie der weiblichen und männlichen Geschlechtsorgane, Pubertät, Menstruation und Erektion, Kondome auf Bananen und Antibabypille von einer peinlich berührten, vor sich hin nuschelnden Lehrerin.

Ich habe meiner Mutter nicht erzählt, was wir in der Schule gelernt haben, und habe ihr das Heft vorenthalten, in dem unter anderem das Benutzen von Tampons erklärt wurde und Geschichten von feuchten Träumen bei Jungs und onanierenden Mädchen standen. Weniger aus Angst vor ihrer Reaktion, sondern weil ich es nicht gewohnt war, über solche Dinge zu reden. Sex und Sexualität ist das größte Tabu in unserer Kultur. Ein absolutes No-Go.

Die Einzige, mit der ich mich darüber unterhalten habe, war meine einzige muslimische Freundin, die genau wie ich erzogen worden war: Alles, was mit Sex und Sexualität zu tun hat, ist haram, etwas, das Muslime nicht machen und worüber nicht geredet wird. Unsere Schlussfolgerung war: Muslime haben keinen Sex, Kinder entstehen aus Gottes magischer Kraft, wenn man den Richtigen gefunden hat, und Küssen ist eine Sünde, wenn man nicht verheiratet ist. Also vergessen wir das Ganze.

Und während die Jugendlichen um mich herum ihre ersten Erfahrungen machten, kam die Stigmatisierung: wir merkten schnell, dass Mädchen, die Sex haben, weniger wert sind als Jungen, die Sex haben. Sexuell aktive Jungs gelten als »Männer«, Gewinner, Mädchen als »Huren« und Verlierer. Jungs nehmen, Mädchen verlieren, Jungs werden gelobt, Mädchen niedergemacht.

Der Aufklärungsunterricht in der Schule hätte besser sein können, zu aller Vorteil. Immer noch haben die meisten von uns noch nie davon gehört, dass das mit dem Jungfernhäutchen ein Mythos ist. Es heißt immer noch, dass Mädchen ihre Jungfräulichkeit verlieren und Jungs sie rauben. In der Abizeit war es eine große Sache, wenn ein Junge einer Abiturientin die Jungfräulichkeit geraubt hatte. Als würde das Mädchen ein Stück von sich selbst verlieren, wenn sie mit einem Jungen schläft.

Heute weiß ich, dass das Jungfernhäutchen einfach eine elastische Schleimhautfalte ist, die noch nicht einmal alle Frauen haben, und niemand kann beweisen, dass ein Mädchen keine »Jungfrau« mehr ist, nicht einmal ein Arzt.[*]

Für Mädchen wie mich – »brown girls« (oder »Burkatussis« wie ein Junge aus meiner Klasse mich nannte – Danke!), wäre ein besserer Aufklärungsunterricht ein Segen gewesen. Wir sind mit der ständigen Ermahnung aufgewachsen, keusch und ehrbar zu sein. Kurz: die Jungfernhaut muss bis zur Hochzeit intakt sein, und wir tragen die Verantwortung, Männer nicht zu reizen, weil sie nicht dafür verantwortlich gemacht werden können, wenn sie ihre Triebe nicht kontrollieren können.

Während sich der Status von Jungs, die Sex haben, erhöht, verlieren Mädchen ihren Wert und ihre Würde, ihre Ehre. Das muss man sich mal klarmachen. Die Würde eines Menschen reduziert auf eine Schleimhautfalte, die vielleicht noch nicht einmal existiert!

Mir persönlich verging das Interesse, etwas über meinen eigenen Körper zu erfahren, es kam mir unmoralisch und falsch vor. Ich hatte Gewissensbisse, wenn ich mich in einen Jungen verliebte und wurde rot, wenn ich nur das Wort »Sex« hörte. Als würde ich etwas Verbotenes tun, fühlen oder denken. Man kriegt ein verdammt verkrampftes Verhältnis zu sich und seiner Sexualität. Was es schwer macht, jemanden zu finden, dem man vertraut und mit dem man über diese Dinge reden kann.

Wie kann man Jugendlichen eintrichtern, dass das, was sie fühlen, falsch ist? Wir werden mit sexuellen Instinkten geboren, und kein Verbot, dieses natürliche Verhalten auszuleben, hat irgendetwas mit Vernunft zu tun. Darum sollte man nicht, wie es in vielen ethnischen oder

---

[*] s. die Antwort des Twitter-Arztes Wasim Zahid auf S. 142

religiösen Gemeinschaften der Fall ist, mit der Sexualaufklärung bis nach der Hochzeit warten.

Wenn man als Jugendlicher keinen Zugang zu ausreichender und fundierter Information über Sex und Sexualität hat, besteht die Gefahr, schlechte Entscheidungen zu treffen.

Manche haben vielleicht Sex, obwohl sie noch gar nicht bereit dafür sind, und bekommen Schuldgefühle für das, was sie getan haben. Sie fühlen sich zerstört, beschmutzt, haben Angst vor den Konsequenzen, leben mit einem schlechten Gewissen, dem Gefühl, einen Riesenfehler begangen zu haben. Etwas Unverzeihliches.

Ein weiterer, unglaublich wichtiger Punkt in dieser Sache ist der, dass Mädchen und Jungen, die nie gelernt haben, Grenzen zu setzen, nicht in der Lage sind, Empathie oder Respekt für den Partner zu empfinden. Sie lernen nichts über Grauzonen und die Grenze zwischen Sex und Übergriff. Manche Jungen glauben, das angeborene Recht erlaube es ihnen, sich nach Lust und Laune am Mädchenkörper zu bedienen. Jungen, die nie Respekt vor dem anderen Geschlecht gelernt haben und dass nur ein ausgesprochenes Ja Zustimmung bedeutet, die nie Grenzen gesetzt bekommen haben, werden möglicherweise übergriffige Männer, die zu der ohnehin schon hohen und wachsenden Statistik über sexuelle Übergriffe, Psychoterror und Gewalt gegen Frauen beitragen. Es ist tra-

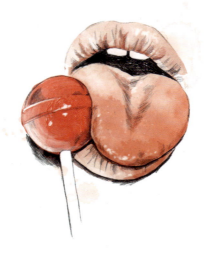

gisch, dass viele Mädchen uns erzählen, sie hätten noch nie etwas von den Begriffen »Übergriff« oder »Vergewaltigung« gehört, ehe sie dem ausgesetzt waren. Auch Jungen erfahren solche Übergriffe und reden mit niemandem darüber, weil es so scham- und tabubesetzt ist.

Ein Folgeproblem ist die mangelnde Aufklärung über sexuell übertragbare Krankheiten. Wenn man nichts über Prävention und Verhütungsmittel weiß, wo man sie findet und wieso es wichtig ist, sie anzuwenden, fängt man sich möglicherweise eine Geschlechtskrankheit ein und gibt sie an andere weiter, ohne sich darüber überhaupt im Klaren zu sein. Allen patriarchalischen Gesellschaften ist gemein, dass es in den geschlossenen Glaubensgemeinschaften hauptsächlich Männer, speziell Prediger und Gelehrte sind, die das erste und letzte Wort zu allem haben, was Sex betrifft. Ist euch schon mal aufgefallen, wie sexfixiert viele dieser Extremen unter den Gelehrten sind? Mädchen werden schon im Kindergartenalter sexualisiert. Es wird ihnen verboten, mit Jungs zu spielen, keine Lutscher zu lecken und die Beine immer ordentlich zusammenzuhalten, um die Jungs nicht zu reizen. Im Kindergarten! Warum dreht sich alles immer nur um Sex? Und wieso erklären Männer uns, wie unser Körper funktioniert? Wieso machen sich alle Gedanken darüber, wie man den Mann zufriedenstellen kann, aber nie die Frau? Wieso lernt die Frau, dass sie verpflichtet ist, den Mann sexuell zu befriedigen, und der Mann, dass er berechtigt ist, das jederzeit einzufordern? Wir Frauen sollen uns von einer Gruppe Pseudo-Gelehrter mit »heiligen Penissen« sagen lassen, was richtig für uns ist? Right.

Dagegen protestiere ich laut: Ich weiß selbst am besten, was gut für mich ist. Bleibt mir weg mit eurem »Liebe Schwester«, gefolgt von degradierenden, pseudo-wohlmeinenden Ratschlägen an mich als Frau von irgendwelchen Leuten, die den Bullshit irgendwelcher Prediger aus Ländern importieren, in denen nicht selten Frauenkonferenzen ohne eine einzige anwesende Frau gehalten werden. Männer wie ihr seid Teil des Problems und der Ursache, dass sexuelle Kontrolle der Frauen auf der ganzen Welt perverse Maßnahmen wie Genitalverstümmelung, Jungfrauenprobe, Zwangsehe und Ehrenmorde hervorbringt.

Das Tabu um Sexualität hat zur Folge, dass wir große, wichtige Bereiche, die uns als Mensch ausmachen, negieren, und das im Namen von Ehre, Keuschheit und »Reinheit«. Wir negieren uns mit Argumenten, die auf Vorurteilen und Unkenntnis basieren.

Für viele ist der Aufklärungsunterricht zu sexueller Gesundheit gleichbedeutend mit dem Beginn sexueller Aktivität. Das soll nicht heißen, dass man so schnell wie möglich mit jemandem schlafen sollte, diese Entscheidung muss jeder individuell für sich treffen. Es ist völlig okay, sich über Sexualität und Sex zu informieren und zu beschließen, dass man – aus welchen Gründen auch immer – damit bis zur Ehe warten will. Aber um die richtige Entscheidung für sich treffen zu können, muss man gut informiert sein. Es ist keine Schande, sich selbst und seinen Körper zu kennen. Dabei geht es nicht nur um Ei- und Samenzellen. Sex ist etwas Persönliches und Individuelles. Es geht um Autonomie: niemand anders soll diese Wahl für dich treffen.

Nancy Herz @nancyherz · 5 Std
@WasimZahid; Was ist eigentlich dran am Jungfernhäutchen? Kann ein Arzt erkennen, ob ein Mädchen Jungfrau ist?
@feministjaevel @Aminabile_ #SkamløsBok

Wasim Zahid
@WasimZahid

Antwort an @nancyherz @feministjaevel og @Aminabile_

Es gibt kein Häutchen, nur eine Schleimhautfalte im Bereich der Scheidenöffnung, die ganz unterschiedliche Formen haben kann. Und nein, man kann nicht erkennen, ob ein Mädchen »Jungfrau« ist.

20/06/17 · 10:39 PM

Liebe Nancy (19)

Zu sagen, dass du keine gläubige Muslimin mehr bist, wird nicht so schlimm sein, wie du glaubst. Du wirst Vorwürfe zu hören kriegen, aber davon geht die Welt nicht unter. Du ahnst ja nicht, was für eine Erleichterung es sein wird, wenn du den Mut hast, dir selber und anderen gegenüber ehrlich zu sein.

Liebe Grüße, Nancy (21)

Indoktrination

WURDE ANIMA ERZÄHLT

███████ WAR IN DEN FERIEN über einen Monat in Hargeisa, einer Stadt im offensichtlich sicheren Norden Somalias, der über ein funktionierendes Polizeiwesen verfügen soll. Trotzdem ist ihr unheimlich, dass überall bewaffnete Polizisten in den Straßen herumlaufen. Sie ist 16 und in einer Woche beginnt ihr letztes Schuljahr in Norwegen. Ihr großer Bruder fängt nach den Ferien an zu studieren und ist schon nach Norwegen vorgeflogen. Ihr Vater ist Arzt und musste in Oslo bleiben. Nur ███████, ihre kleine Schwester und die Mutter sind noch bei der Familie geblieben.

Die Mutter läuft in dem spartanisch eingerichteten Hotelzimmer hin und her, wo die Schwestern auf ihren Betten liegen und sich Filme mit arabischen Untertiteln ansehen, und telefoniert. Sie telefoniert auf Somalisch. »New Hargeisa? Neubaugebiet? Morgen Besichtigung? Inshallah.«

███████ steht vom Bett auf. »Was können wir uns ansehen?«

Ihre Mutter telefoniert weiter, sie ignoriert die ältere Tochter.

»Wie viel kostet es?« Sie hebt Kleider vom Boden auf. Drängt sich an den Mädchen vorbei, um sie wegzulegen. »Mein Mann kommt in ein paar Wochen, bis dahin muss das Haus fertig sein.«

███████ setzt sich heftig zitternd auf.

Die Mutter steckt das Handy in die Tasche.

»Warum suchst du ein Haus?«

»Die Norweger haben doch auch überall Sommerhäuser, in Spanien, zum Beispiel! Wir wollen hier eins haben.«

»Wie lange bleiben wir eigentlich noch hier? Nächste Woche fängt die Schule an, Hooyo (Mama).«

Die Mutter seufzt schwer und setzt sich neben sie aufs Bett. ▊▊ weicht ihrem Blick aus. »Hier gibt es auch gute Schulen. Englische Schulen. Du bist doch gut in …«

»Wie lange bleiben wir noch hier?«, fällt ▊▊ ihr ins Wort. Wütend und ängstlich. »Hooyo, Mama, wann fahren wir nach Hause?«

Die Mutter schüttelt den Kopf. »Wir sind zu Hause.« ▊▊ fängt an zu weinen. Die Augen ihrer Mutter verdunkeln sich, sie zieht die Augenbrauen hoch. »Hör zu, ich war fast dreißig Jahre von meiner Familie getrennt.«

»Dann kannst du ja hier bleiben. Ich will nicht!«

Die Mutter packt sie am Arm. »Dein Vater kommt auch bald. Wir sind keine Norweger. Ich als eure Mutter trage die Verantwortung, dass ihr eure Wurzeln kennenlernt, unsere Kultur und den Islam, eure Sprache. Das ist hier einfacher.«

»Hooyo, du hast gesagt, dass wir hier Ferien machen.« ▊▊ kann die Tränen nicht mehr aufhalten. Sie reißt sich aus dem Griff ihrer Mutter los.

»Das weiß Gott. Vielleicht bleiben wir ein Jahr oder länger. Wir werden es sehen.« Ihre Mutter beginnt, Sachen zusammenzulegen. Sie weicht dem Blick ihrer Tochter aus.

»Du hast mich angelogen«, flüstert ▊▊. »Hooyo, du hast gelogen.«

Die warme Hand ihrer Mutter trifft ▊▊s Wange. ▊▊ beginnt zu weinen.

»So redest du nicht mit deiner Mutter. Willst du sagen, ich wüsste nicht, was für dich das Beste ist?« Die Mutter packt sie am Oberarm und zieht sie vom Bett hoch. Sie sind gleich groß. »In Norwegen rauchst du, du zeigst keinen Respekt, du verbirgst nichts. Wallahi, eines Tages wirst du mir danken. Deine Familie ist hier. Du gehörst hierher.«

Amina: Ich kenne einige Mädchen, die lange verschwunden waren. Die meisten kommen irgendwann zurück, aber nicht alle. Einige bleiben dort. Sie werden in die Heimat zurückgeschickt, wenn die Eltern feststellen, dass die Kinder sich gegen sie auflehnen, gegen die Kultur, die Religion und dass sie ihre Kinder in Norwegen nicht nach ihren Vorstellungen erziehen können. Viele glauben, dass das in Somalia oder im Uran oder Libanon besser funktioniert, wo auch immer.

Nancy: Ist das ein speziell somalisches Konzept? Ihr habt ja sogar ein eigenes Wort dafür, oder?

A: Stimmt, wir haben ein eigenes Wort dafür: Kulturrehabilitierung. Ein ganz gängiger Begriff. Dhaqan celis heißt es. Dhaqan bedeutet Kultur und celis zurück. Also zurück zur Kultur, Kulturrehabilitierung. Das wird in dem Augenblick aktuell, wenn somalische Kinder, die in der westlichen Kultur aufwachsen, zu westlich werden. Ganz anders als die Eltern. Das macht ihnen Angst.

Sofia: Tritt das erst ein, wenn deine Eltern feststellen, dass du zu westlich geworden bist, oder vorbeugend sozusagen, weil sie befürchten, du könntest zu westlich werden?

A: Einige Eltern, die befürchten, dass ihre Kinder zu westlich werden könnten, ziehen wieder zurück, wenn die Kinder noch relativ klein sind, zwei, drei, vier Jahre alt. Kinder, die in den Augen der Eltern bereits zu westlich sind, sind eher älter, Jugendliche. Aber auch jüngere Kinder geraten in Konflikt mit etwa Alkohol oder Drogen. Problemkinder. Und Kinder, die Probleme machen, werden in die Heimat zurückgeschickt.

S: Das finden aber doch bestimmt nicht alle nur negativ?

A: Nein, definitiv nicht. Aber die Sache ist doch die, dass das nichts mit Zustimmungs-Kultur zu tun hat. Es ist vielleicht in Ordnung, ganz kleine Kinder mit ins Heimatland zu nehmen, damit sie dort aufwachsen und sozialisiert werden. Aber wenn hier im Westen aufgewachsene und sozialisierte Kinder so groß sind, dass man mit ihnen über diese Dinge reden könnte, ist es nicht in Ordnung, sie unter einem Vorwand in die Heimat zu locken.

S: Man nimmt ihnen ihre hiesige Kindheit weg und bringt sie zurück in das Heimatland, aus Angst, das Kind könnte zu westlich werden, wenn es älter wird. Das ist ganz schön …

A: In der Regel geschieht das aus Sorge um das Kind.

S: Da will ich dir gar nicht widersprechen, dass es aus Fürsorge passiert. Und natürlich liegt es bei den Eltern, wie sie ihre Kinder erziehen wollen. Und gegen die Bewahrung der eigenen Kultur ist nichts einzuwenden. Aber nur solange das Kind dadurch nicht psychisch oder physisch belastet wird.

N: Ich denke, es kommt auch auf die dahinterstehende Intention an. Natürlich darf erst mal jeder seine Kinder erziehen, wie er möchte. Und Diplomatenfamilien ziehen mit ihren Kindern schließlich auch in der Weltgeschichte herum, ohne dass es ein Problem ist. Das Problem ist die dahinterstehende Intention.

S: Die dahinterstehende Intention, mh. Solange es sich nicht psychisch oder physisch negativ auf das Kind auswirkt und dahinter der Gedanke steckt, dass die Kinder ihre Wurzeln kennenlernen sollen.

A: Aber problematisch wird's, wenn die Kinder unter dem Vorwand in die Heimat der Eltern gelockt werden, dass sie dort Ferien machen wollen.

s: Die sich dann als lebenslange Ferien entpuppen.

A: Ja, oder als ein Jahr. Aber selbst, wenn es nur ein Jahr ist … Der Kulturcrash ist nicht zu unterschätzen. Für Kinder, die bis dahin nichts anders als die norwegische Kultur kannten, kann das sehr belastend sein. Das Ankommen in der Heimat ihrer Eltern kann ein echter Schock sein. Erst recht, wenn ihnen klar wird, dass sie möglicherweise nie mehr zurückkehren. Das ist eine harte psychische

Belastung. Und was die physische Belastung angeht: In vielen Ländern ist Gewalt an der Tagesordnung, zum Beispiel in den Schulen. Das ist unakzeptabel. Und oft sind die Eltern Jahrzehnte nicht mehr in ihrer Heimat gewesen und wissen nicht, wie das Leben inzwischen dort ist. Trotzdem treffen sie ihre Entscheidungen nur mit den besten Absichten.

S: Oft ist das Zurückschicken sicher als eine Art Sanktion gemeint, wenn du gegen irgendwas verstoßen hast, mit der Absicht, dich wieder auf den rechten Weg zu bringen. Eine Strafe.

A: Wenn du mitbekommst, dass somalische Eltern mit ihrem Kind wegfahren und eine Weile verschwunden sind, dann weißt du, dass das Kind gegen irgendwelche Regeln verstoßen hat. Es gibt natürlich auch die Fälle, die einfach nicht in Norwegen leben wollen oder können.

S: Die zu ihren Familien zurück wollen, wo sie sich heimisch fühlen.

A: Und die nehmen natürlich ihre Kinder mit. Die dann aus den Schulen verschwinden.

S: Was machen in solchen Fällen die norwegischen Schulen?

A: Wenn die Lehrer feststellen, dass die Plätze leer sind, kontaktieren sie als Erstes die Eltern. Wenn sie die nicht erreichen, kontaktieren sie das Jugendamt, das die Polizei informiert. Wenn die Familie schon außer Landes ist ... nichts mehr zu machen. Und die Botschaft in Somalia hat nicht viel Einfluss. Wenn Eltern ihre Kinder mit nach Somalia nehmen, damit sie das Land und ihre Wurzeln kennenlernen, ist das in meinen Augen eine gute Intention. Das ist in Ordnung. Aber nur, wenn die Kinder es selber wollen. Solche Pläne müssen vorher mit den Kindern besprochen werden. Das ist es, was wir somalischen Eltern versuchen nahezubringen, dass es nicht in Ordnung ist, seine Kinder zu belügen oder so wesentliche Dinge über ihre Köpfe hinweg zu entscheiden, wie es weit verbreitet ist. Über solche Fragen muss Einvernehmen herrschen. Einverständnis und Zustimmung ist sehr wichtig.

S: Ein Kind kann sich sonst furchtbar verraten fühlen.

A: Oh ja. Sehr.

Ratschlag für ehrbare Mädchen:
Stell dich selbst als Edelkonfekt vor. Ohne Papier drum bist du wertlos.

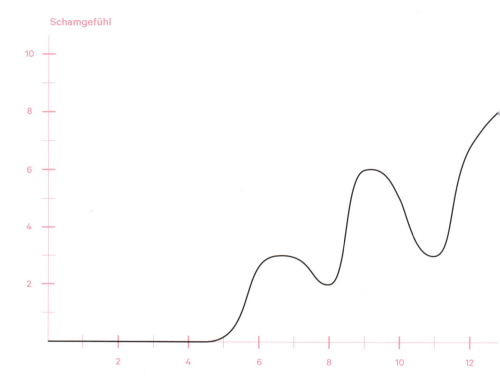

Schamgefühl vs. Alter:
Amina

6 Jahre Ich komme in die Schule und fühle mich zum ersten Mal anders. Meine Mitschülerinnen feiern Geburtstagspartys, ich nicht. Ich feiere keinen Geburtstag. Auch nicht Weihnachten oder Ostern. In der Schule haben diese Feste einen hohen Stellenwert. Genau wie Ferien. Reisen in den Süden sind sehr beliebt.

8 Jahre Ich habe mich irgendwie daran gewöhnt, anders zu sein. Die meiste Zeit verbringe ich mit Fangen- und Versteckspielen.

9 Jahre Ich fange mit dem Hidschab an. Ich bin stolz darauf. Das ist meine Entscheidung, nur meine. Mama findet, ich sei zu jung, ich sage ihr, dass sie sich irrt. Ich bin Somalierin und Muslima, und das will ich zeigen. Es sei ohnehin nur eine Frage der Zeit, wann ich damit beginne. Einige meiner Freundinnen in der Moschee tra-

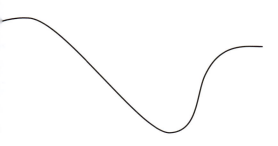

gen bereits Hidschab. Und ich weiß, dass Mama, auch wenn sie es nicht laut sagt, stolz auf mich ist.
Und ich spüre die Zustimmung der Leute um mich herum, die meine eigenständige Entscheidung loben.
Parallel dazu wird es in der Schule schwieriger. Dass ich anders bin als die anderen, daran hab ich mich gewöhnt, aber mit der Kopfbedeckung wird es plötzlich so sichtbar. Ich nehme den Hidschab nicht ab, egal wie oft er mir beim Spielen oder absichtlich, um mich zu ärgern, heruntergerissen wird. Dazu ist es zu spät, meine Entscheidung für den Hidschab ist endgültig.
Ich fange an, mich für die Scham über mein Anderssein zu schämen.
Ich wollte schließlich aus freien Stücken mit dem Hidschab beginnen. Das war meine Entscheidung.

13 Jahre Ich kriege meine Menstruation. Nach dem Islam bin ich nun mündig und meine Sünden werden gezählt. Ich trage von nun an Röcke. Lange Röcke. Und falle damit noch mehr auf. Am Anfang ist das okay, ich fühle mich erwachsen. Irgendwann ist es dann nicht mehr okay. Weil ich mich auf bestimmte Weise verhalten, mich auf bestimmte Weise ausdrücken und auf eine bestimme Weise denken soll, und das nervt mich. Nach einer Weile verlege ich mich darauf, den Hidschab so locker zu tragen, dass der Hals zu sehen ist. Ich ziehe zwischendurch Hosen an, weite und enge. Ich gehe soweit wie möglich nach der Schule muslimischen Bekannten in der Öffentlichkeit aus dem Weg, die mich wahrscheinlich für eine Heuchlerin halten. Ich fühle mich jedenfalls wie eine. Warum habe ich überhaupt angefangen, mich wie eine »anständige Muslima« zu kleiden, wenn ich mich nicht daran halte? Meine größte Angst ist, meine Mutter zu enttäuschen.

16 Jahre Ich fange an, mich aufzulehnen. Das ist mein Leben!

18 Jahre Nach der Veröffentlichung meines Artikels in der führenden norwegischen Abendzeitung Aftenposten kriege ich viele Reaktionen von Bekannten und Fremden auf Facebook.
Wie kann ich es wagen, mich Muslima zu nennen? Wie kann ich es wagen, den Islam neu zu definieren? Wie kann ich es wagen, meinen Körper nicht ordentlich zu bedecken? Will ich etwa Norwegerin werden, eine Ungläubige?

Meine Scham wird größer. Vielleicht haben sie ja recht. Wie kann ich es wagen, mich Muslima zu nennen? Will ich tatsächlich norwegisch werden? Ich war mir meiner Sache so sicher, war die Erwartungen anderer an mich so leid, aber jetzt kommen mir Zweifel. Mein Selbstvertrauen bröckelt und stürzt in den Keller.

19 Jahre Ich bin mir meiner Sache sicher. Aber aus unerfindlichen Gründen wächst die Scham. Ich trage Jeans. Den Hidschab trage ich wie einen Turban. Ich trage T-Shirts. Aber dabei habe ich ein schlechtes Gewissen. Ich weiß, dass ich Muslima bin, aber bin ich auch eine anständige Muslima? Wird Gott mich hassen, weil ich seine Vorschriften nicht peinlich genau befolge? Sind die Vorschriften die einzige Wahrheit? Kann ich sie selber definieren oder begehe ich damit eine Sünde? Ist es eine Sünde, wenn ich mich als »schamlos« bezeichne?
Ich durchlebe eine Identitätskrise. Ich habe einen Stein aus dem »Glashaus« geworfen, in das Mädchen wie ich gesteckt werden. Aber ich sammle immer noch die Scherben auf und ritze mich damit.
Ich schäme mich für meine Unsicherheit, wer ich bin und wo ich anfangen soll, aber zugleich wage ich den Schritt nach vorn, bin stolz auf mich, fordere andere auf, es auch zu versuchen, sie selbst zu sein.

Die Zukunft

Amina: Wie stellt ihr euch in 20 Jahren das Best-Case-Szenario vor?

Nancy: Ich hoffe, dass dann nicht mehr der Scham-Stempel benutzt wird, um uns zu kontrollieren und zu bestrafen. Dass Sexualität keine Sünde mehr ist. Dass junge Menschen kein Doppelleben mehr führen müssen, oder gezwungen werden, jemand zu sein, der sie nicht sind. Das wäre für mich der Best Case.

Sofia: Mein Traum ist, dass sich in zwanzig Jahren das allgemeine Selbstbestimmungsrecht durchgesetzt hat, dass jeder Mensch frei wählen und sich frei bewegen kann.

A: Glaubt ihr, die Politiker können dazu etwas beitragen?

S: Ich denke, wir werden ein besseres Beratungsnetzwerk haben, viel besser als heute. Am liebsten so schnell wie möglich. Ja, und ein größeres Verständnis. Inzwischen gibt es von der norwegischen Regierung einen Aktionsplan gegen negative soziale Kontrolle, Zwangsehen und Genitalverstümmelung, aber an keiner Stelle wird Rassismus oder Diskriminierung erwähnt. Und überall wird von Minderheiten-Milieus gesprochen, nicht von geschlossenen Milieus, was nicht direkt unseren Forderungen entspricht. Natürlich ist das schon mal ein echt guter Ansatz, in bereits etablierte Institutionen und Hilfsorganisationen zu investieren und in mehr Minderheiten-Berater. Das ist schon mal sehr gut. Aber man muss auch mehr vorbeugend arbeiten und ... Girls, könnt ihr mal übernehmen, ich muss nachdenken.

N: Wir dürfen nicht vergessen, dass dieser Kampf, den wir ausfechten, an vielen unterschiedlichen Fronten und in verschiedenen Bereichen stattfindet. Mein Best-Case-Szenario wäre, dass in Zukunft die Unterschiede junger Menschen keine Rolle mehr spielen, dass keiner sich mehr in Norwegen fremd fühlen muss. Dass jeder Mensch sich als gleichwertiger Teil der Gesellschaft fühlt, in der er lebt, unabhängig, ob mit Hidschab oder ohne, von der Hautfarbe oder woran man glaubt.

Und in das Best-Case-Szenario gehört auch, dass die Integration so gut gelaufen ist, dass wir die Kulturen, aus denen wir kommen, mit der westeuropäischen Kultur kombinieren können. Assimilation kann nicht das Ziel sein, sondern Integration in die Gesellschaft, in der wir leben. Wenn wir also in zwanzig Jahren in einer Gesellschaft leben, in der wir unseren multikulturellen Hintergrund in sehr viel höherem Maße als heute als Stärke einbringen können und nicht mehr mit den Nachteilen zu schaffen haben, die das oft mit sich bringt, dann haben wir viel erreicht.

S: Anti-Rassismus spielt bei dem Ganzen eine wichtige Rolle, darum muss betont werden, dass unser momentaner Aktionsplan sich an keiner Stelle des Themas Rassismus annimmt und sich damit auseinandersetzt. Dieser Kampf soll zu unseren Bedingungen ausgefochten werden. Wir haben Themen wie Diskriminierung und Rassismus in unseren eigenen Lebensbereichen und der Gesellschaft generell immer mit angesprochen, und wenn man diese Probleme nicht auch ernst nimmt,

sondern nur die soziale Kontrolle, dann fühlen wir uns nicht wirklich ernst genommen. Das ist Pseudo-Solidarität, wenn ein entscheidender Teil unserer Realität ignoriert und sich nur auf einen bestimmten anderen Teil konzentriert wird. Wir sind die Summe aller Bereiche. Damit würde man eine unserer wichtigsten Forderungen ignorieren. Und der Kampf für die Rechte von Mädchen und Frauen MUSS antirassistisch sein, er muss alle einschließen, er muss intersektional sein.

A: Allem voran, dass wir das Patriarchat aufgebrochen haben, denke ich. Dass die patriarchalischen Strömungen unterbrochen werden, dass wir gleichwertig und gleichberechtigt sind. Das hier ist sozusagen ein ausgedehnter Kampf für die Rechte von Mädchen und Frauen. Eine Grauzone im Feminismus. Ich will, dass es genauso natürlich für mich ist, für ein weißes Mädchen einzutreten, wie es ganz natürlich ist, dass sie für mich eintritt. Dann sind wir wirklich einen Schritt vorangekommen. Und dass Kinder mit Migrationshintergrund ganz selbstverständlich mit ihren Eltern reden können. Dass alle Menschen und Wahrheiten anerkannt werden. Dass du nicht als Lügnerin abgestempelt wirst, wenn du deine persönliche Wahrheit erzählst. Versteht ihr, was ich meine? Dann hätte ich das Gefühl, dass wir es weit …

S: … gebracht haben!

A: Ja!

N: Glaubt ihr, dass dies vor allen Dingen ein Kampf von Frauen ist?

S: Schon, aber …

A: Eigentlich eher ein Gesellschaftskampf.

S: Es muss klar sein, dass in der Frauenbewegung nicht nur Frauen kämpfen, sondern auch Männer. Wenn wir uns gegen die für uns erlassenen patriarchalischen Strukturen auflehnen, lehnen wir uns auch gegen die für Männer gesetzten Strukturen auf. Wenn wir uns selber versorgen können, muss der Mann nicht länger unser Versorger sein. Das hängt alles zusammen.

N: Ich denke schon, dass dieser Kampf vorrangig feministisch und antirassistisch ist, und das ist ganz legitim. Aber ich sehe ihn auch als einen grundlegenden Kampf für Menschenrechte. Und die Rechte der Frauen sind Menschrechte, das dürfen wir nicht vergessen. Es geht um so etwas Grundlegendes wie das Recht, der Mensch zu sein, der du sein willst, dein Recht auf ein freies, selbstbestimmtes Leben. In dem Zusammenhang fand ich sehr schön, was Amina gesagt hat. Dass es für sie genauso natürlich sein sollte, für eine weiße Frau einzutreten wie umgekehrt.

A: Ja, das war schlau gesagt von mir.

S: Bescheidenheit, Amina.

N: Wie auch immer, ich wollte ja nur sagen, wenn wir diesen Punkt erreicht haben, dass es völlig natürlich ist, dass du für eine weiße Frau eintrittst und sie für dich, dann sind wir auf dem richtigen Weg. Jetzt geht es in unseren Gesprächen immer noch um eine spezifische Gruppe, »the others«, sozusagen. Und das ist immer heikel, über eine Person oder Gruppe zu reden, die stigmatisiert ist. Wenn man schaffen würde, dass in den Griff zu kriegen, wäre es viel einfacher, über die eigentlichen Herausforderungen zu sprechen. Sowohl die Gemeinsamkeiten als auch die Unterschiede.

S: Ich wünsche mir, dass sich irgendwann die ewigen Debatten um den nach Geschlechtern getrennten schwimmunterricht erledigt haben. Oder dass Mädchen in der Klasse nicht neben Jungs sitzen oder im Turnunterricht mit Jungs tanzen dürfen. Oder dass Mädchen nicht mit auf Klassenreisen oder irgendwo übernachten dürfen.

A: Ja, weil wir einen Punkt erreicht haben, an dem eine Geschlechtertrennung unnatürlich ist.

S: Ein Punkt, an dem es völlig unnatürlich ist ...

N: Kinder so zu betrachten ... Kinder dürfen nicht sexualisiert werden.

A: Sie sollten überhaupt nicht über Geschlechter nachdenken müssen. Ich möchte meiner Mutter sagen können, dass ich bei einem Freund übernachte, und das ist für sie einfach in Ordnung. Und dass ich gerne eine Frau als Imam hätte, das soll auch in Ordnung sein.

S: Dass das im Rahmen ist.

A: Genau, dass das im Rahmen ist. Wenn ich euch beide heiraten will, sollte das im Rahmen sein.

S: Nein, nicht beide.

A: Wieso nicht? Wegen Polygamie?

S: Ja, ich halte nichts von Polygamie.

A: Ich wünsche mir, dass Mädchen so viele Mädchen heiraten können, wie sie wollen. Und ich will viele Männer! Das fände ich in Ordnung.

S: It's raining men.

N: Um viele Männer zu haben, musst du nicht heiraten.

A: Ha, ha, ha! Stimmt. Ich hab eh nicht vor, mehrere Männer gleichzeitig zu heiraten. Einer reicht völlig. Aber den will ich mir selber aussuchen.

Ratschlag für ehrbare Mädchen:
Lach nicht so laut.

Wir versprechen,

···
den Kampf unserer Vorgängerinnen fortzuführen.

···
den Kampf für die zu führen, die selber nicht kämpfen können.

···
ehrlich über unser Leben zu berichten, damit du dich traust, ehrlich über deins zu sprechen.

···
mehr Raum für neue Stimmen zu schaffen.

···
uns deine Geschichte anzuhören.

···
dir zu versichern, dass wir deine Wahrheit und deine Erfahrungen ernst nehmen.

···
immer wie eine Schwester für dich da zu sein, wenn du es brauchst.

···
dir niemals Vorhaltungen wegen deiner persönlichen Entscheidungen zu machen.

···
deine Geschichte niemals gegen dich zu verwenden.

···
deine täglichen Kämpfe niemals zu bagatellisieren.

···
dir niemals dein Selbstbestimmungsrecht zu nehmen, wenn es um dich geht.

···
niemals hinter deinem Rücken schlecht über dich zu reden oder Gerüchte zu verbreiten.

···
dass du ein wertvoller Mensch bist.

···
dass du ernst genommen wirst.

···
dass alles mit dir in Ordnung ist, wenn du Freiheit für dich forderst.

Wir fordern

...

von unseren Familien, in unserem sozialen Umfeld, in der Gesellschaft und von Politikern ernst genommen zu werden.

...

uns unsere Freunde selber aussuchen zu dürfen, unseren Ehemann, unsere Ausbildung, unsere Arbeit.

...

uns kleiden zu dürfen, wie wir wollen.

...

dass unser Körper nur uns gehört.

...

nicht länger die Ehre der ganzen Familie auf unseren Schultern tragen zu müssen. Wir sind für niemanden außer für uns selbst verantwortlich.

...

eine ausgewogene Vertretung aller Geschlechter in den führenden Gremien der Glaubensgemeinschaften.

...

dass Politiker eine Umfrage über das Ausmaß sozialer Kontrolle in Gang setzen, darunter spezifische Formen sozialer Kontrolle von gemäßigt bis extrem.

...

konkrete Maßnahmen, die extreme soziale Kontrolle wie die Umerziehungsreisen und Jungfrauenprobe zu kriminalisieren.

...

einen anständigen Sexualkundeunterricht, der unabhängig vom jeweiligen Hintergrund alle Schüler erreicht.

...

die Einführung kulturübergreifender Kompetenzen in Schulen, im Gesundheits- und Gerichtswesen und in allen gemeinsamen Bereichen, um für mehr Verständnis über die kulturellen Grenzen hinaus zu sorgen und uns in die Lage zu versetzen, Fälle sozialer Kontrolle zu behandeln.

...

Organisationen, deren Aufgabe es ist, junge Menschen in Not zu unterstützen und ihnen Hilfe anzubieten.

...

dass der Kampf gegen negative soziale Kontrolle nicht als Argument gegen die Gemeinschaft, Vielfalt und den Multikulturalismus eingesetzt wird.

Wir danken

... euch, die ihr diesen Kampf mit uns ausfechtet

... euch, die ihr uns vorausgegangen seid und den Weg geebnet habt

... euch, die zuhören, wenn wir etwas sagen

... euch, die ihr unsere Geschichten ernst nehmt und uns glaubt

... euch, die kritische Fragen stellt und uns zum Nachdenken bewegt

... euch, die ihr uns daran erinnert, dass jede Sache mehrere Seiten hat

... euch, die ihr sagt, dass ihr das auch erlebt habt, und uns daran erinnert, dass wir nicht alleine sind

... euch, deren Geschichten wir in diesem Buch weitererzählen durften, das es sonst nicht geben würde

... unseren Eltern, die immer für uns da sind, auch wenn es nicht immer ganz leicht ist, uns als Töchter zu haben

... unserer Familie, unseren Freunden und allen, die uns unterstützen, herausfordern, trösten, kritische Fragen stellen und uns in den Arm nehmen und für uns da sind, wenn der Gegenwind in den Debatten mal wieder besonders stark ist

Unsere Zeit ist gekommen.
Es ist Zeit, endlich schamlos zu sein und es zu bleiben.

Worterklärungen und Informationen

S. 78 – 83

Die Abiturienten sind in Norwegen eher unter dem Begriff »Russ« (ausgesprochen: Rüss) bekannt. **Russ** und **Russefeiring** (*Russ(e)* und *Russfeier*) sind ein norwegisches Kulturphänomen, das seinen Ursprung in dänischen Traditionen hat. Das Wort »Russ« nimmt die letzte Silbe der lateinischen Verbform »decorniturus« auf. So wurden einst die Erstsemester an der Universität in Kopenhagen genannt, als zu deren Einzugsgebiet noch ganz Norwegen gehörte. Übersetzen lässt sich der Ausdruck mit »Ein zu Enthörnender«.

Vom 1. bis 17. Mai, dem Nationalfeiertag, herrscht an Norwegens Schulen Ausnahmezustand. Die angehenden Abiturienten feiern, gehen Eisbaden und trinken in diesem Zeitraum viel Alkohol und das alles nahezu rund um die Uhr. Es werden alle Zwänge abgelegt, die Freiheit genossen und die Öffentlichkeit drückt ein Auge zu. All dies geschieht bereits seit über 100 Jahren aus Tradition.

Die Schüler sind in dieser Zeit eindeutig zu erkennen. Ein absolutes Muss sind Latzhosen bzw. Tischlerhosen. Die Träger der Latzhosen hängen lässig herab und auf der vorderen Tasche ist die norwegische Flagge zu sehen. An den Hosenbeinen steht das jeweilige Abschlussjahr und häufig der Schriftzug »Norge« (Norwegen). In Norwegen wird traditionell zwischen den sogenannten »rødruss« (*Rotrussen*), den Absolventen der Gymnasien, und den »blåruss« (*Blaurussen*), den Absolventen der Handelsgymnasien, unterschieden. Lange Tradition haben mittlerweile auch Mützen mit langem Büschel. In diesem Büschel sind verschiedene Knotentypen geknüpft, oft mit kleinen Gegenständen. Diese Knoten sind ein Symbol für die Durchführung der sogenannten »Knutregler« (Mutproben).

Die Aktivitäten zur Russfeier werden nicht von den Schulen, sondern von den Schülern selbst organisiert.

S. 47, 65, 66, 73, 90, 107

Skam (norwegisch für u.a. »Scham«) ist eine norwegische Erfolgsserie für Jugendliche von Julie Andem. Die horizontal erzählte Serie, die sich an 14- bis 20-Jährige richtet, bedient alle wichtigen Themen dieser prägenden Lebensphase: die erste Liebe, Freundschaften mit allen Höhen und

Tiefen, den Leistungsdruck in der Schule, Outings, die zunehmende Abgrenzung von der Familie oder auch Mobbing. Die Inhalte sollen authentisch und nah am Lebensgefühl der Zielgruppe sein. Um die Figuren möglichst realitätsnah darzustellen, wurden die persönlichen Fähigkeiten und Hobbys der weitestgehend unbekannten Jungschauspieler in den Plot integriert.

Jede der vier Staffeln hat eine andere Hauptfigur, u.a. **Sana**, ein muslimisches Mädchen (auf das in diesem Buch verwiesen wird). Die Zuschauer können den Figuren in sozialen Medien wie Instagram, Facebook und YouTube folgen und so mehr über die Handlung erfahren. Über die offizielle Website wurden an wechselnden Tagen in der Woche in Echtzeit kurze Szenen veröffentlicht, begleitet von zusätzlichen Inhalten wie Chats oder E-Mails zwischen den Hauptfiguren.

Um die Serie gründlich vorzubereiten, reiste Andem ein halbes Jahr durch Norwegen und befragte Teenager über ihr Leben. Dabei identifizierte sie nach eigener Aussage ein bestimmendes Element: Druck – dem sich Teenager ausgesetzt fühlen. Der Titel der deutschen Adaption der Serie lautet demzufolge »Druck«. In Deutschland läuft die Web-Serie seit Anfang 2018.

Im Buch verwendete Begriffe

Astaghirullah	Arabisches Schimpfwort
Deen (arab.)	Glaube, Religion
Dschahannam (arab.)	Hölle
Haya (arab.)	Schamgefühl
Haram (arab.)	Sünde
Hidschab (arab.)	islamisches Kopftuch, den Körper oder Teile des Körpers verhüllendes Kleidungsstück
Hidschabi	Eine Frau, die Hidschab trägt
Hooyo (somalisch)	Mama, Mutter
Inshallah	So Gott will (Arab. Redewendung)
Mashallah	Wie es Gott beliebte (Arab. Ausruf)
Påfugl (norw.)	Pfau

Die deutsche Ausgabe wurde finanziell gefördert durch NORLA

Amina Bile, Nancy Herz, Sofia Nesrine Srour :
Schamlos
978 3 522 30521 1

Aus dem Norwegischen von Maike Dörries
Umschlag- und Innenillustrationen: Esra Røise / byHands
Umschlagtypografie: Suse Kopp
Fotos: Maria Gossé
Layout: Mimmi Christensen / Metric
Innentypografie: Swabianmedia, Eva Mokhlis, Stuttgart
Reproduktion: HKS-artmedia GmbH, Leinfelden-Echterdingen
Druck und Bindung: Balto Print, Vilnius

© 2017 by Amina Bile, Nancy Herz und Sofia Nesrine Srour
Die Originalausgabe erschien unter dem Titel *Skamløs* bei
Gyldendal Norsk Forlag AS – Gyldendal Barn & Ungdom, Oslo
© 2019 Gabriel
in der Thienemann-Esslinger Verlag GmbH, Stuttgart
Printed in Lithuania . Alle Rechte vorbehalten.